9/20/72

ZEUS UND HERA

URBILD DES VATERS, DES GATTEN UND DER FRAU

STUDIES

IN THE HISTORY OF RELIGIONS

(SUPPLEMENTS TO *NUMEN*)

XX

ZEUS UND HERA
URBILD DES VATERS, DES GATTEN UND DER FRAU

LEIDEN
E. J. BRILL
1972

ZEUS UND HERA

URBILD DES VATERS, DES GATTEN UND DER FRAU

VON

KARL KERÉNYI

LEIDEN
E. J. BRILL
1972

ISBN 90 04 03428 5

Für Geo Widengren

νεὸς ὁ Ζεὺς βασιλεύει
τὸ πάλαι δ' ἦν Κρόνος ἄρχων
ἀπίτω Μοῦσα παλαιά

Neu ist der Zeus, der König ist
In alten Zeiten war Kronos der Herrscher
Lebwohl dir, alte Muse.

Timotheos von Milet
bei Athenaios III 122 c

πλάσιον δή μ' [. . . .
πότνι' Ἥρα, σὰ χ[αρίεσσα μόρφα

Nahe [kommt oder komme] also mir
Meine Herrin Hera, deine liebliche Gestalt

Sappho, Fragment 17 (auf Papyrus)

INHALT

INHALT

EINLEITUNG

Mit diesem Buch möchte ich einen Schritt zur Darstellung der griechischen Religion als *Religion* tun. Eine Lücke in unserer Kenntnis der Religionsgeschichte Europas soll gefüllt werden. Religionsgeschichte ist die Geschichte einer Korrelation, die zwischen dem Menschen und von ihm verehrten Wesen besteht. Die Korrelation ist in der Geschichte feststellbar, unabhängig davon, ob jene Wesen auch existierten. Was Zeus den Griechen, was Zeus und Hera den Männern und Frauen in solcher Korrelation bedeuteten, wurde noch nie ernstlich gefragt, geschweige denn wissenschaftlich beantwortet. Die Antwort muss vom Standpunkt des Historikers und des über den Menschen nachdenkenden Humanisten aus gegeben werden. Der Historiker rekonstruiert, der nachdenkende Humanist differenziert. Die Realitäten der Geschichte — in unserem Fall der griechischen Religionsgeschichte — bedürfen sowohl der Rekonstruktion als auch der Differenzierung. Ein Glück ist, dass beide sich auf diesem Gebiete in sehr konkreten Medien bewegen können: im Medium einer so reich und deutlich überlieferten Sprache, wie die griechische Sprache ist, und eben darin, was, mit einem die Landschaft und die Monumente zusammenfassenden Ausdruck, die „sinnliche Überlieferung" genannt werden darf[1].

Die Sprache ist die wissenschaftlich fassbare Grenze des Konkreten in der Religionsgeschichte. Meine früheren Studien zu einer Monographie über Zeus und Hera gingen davon aus, was die Voraussetzung jener sprachlichen Gebilde, der Mythen war, die von diesen zwei Gottheiten erzählten und sie mit einander verbanden: *von dem menschlichen Bezug*, der sich in Mythos und Kultus spiegelte. Die Titel der beiden Studien bezeichneten die Gruppe der menschlichen Bezüge, in deren Mitte das Paar Zeus und Hera stand: „Die Entstehung der Olympischen Götterfamilie" [2] und „Zeus und Hera: Der Kern der Olympischen Götterfamilie"[3]. Der in diesen Studien ermittelte und dargestellte Stoff gehört in das gegenwärtige Buch und wird im Folgenden neu bearbeitet.

[1] In der Studie „Unsinnliche und sinnliche Tradition" in meinem *Apollon*, 3. Ausg. Düsseldorf 1953, S. 72-89; im Sammelband „Humanismus", *Wege der Forschung* XVII, Darmstadt 1970, S. 190-205.

[2] *Paideuma* IV (1950), S. 127-138.

[3] *Saeculum* I (1950), S. 228-257.

Die in allen Kulturen zu allen Zeiten durchbrechenden menschlichen Bezüge haben die Tendenz in sich, über die jeweils gegebene Beziehung zwischen Mensch und Mensch sich zu erheben, wie ein sich verwirklichendes *Urbild* zu erscheinen und sich dadurch wie eine unveränderliche Urgegebenheit zu manifestieren: es lag hier am nächsten, nach C. G. Jung von „Archetypen" oder mindestens von „archetypischen" Gegebenheiten zu reden. Das griechische Wort *archétypos* — ein Wort der Philosophensprache — ist adjektivisch und ich möchte es substantivisch nur in Fällen gebrauchen, wo dadurch eine grössere Verständlichkeit erreicht werden kann. Die Sprache in ihrem vor-philosophischen, natürlichen Zustand vermag die menschlichen Beziehungen schlicht und unmittelbar zu erfassen, sie vermag aber auch über das hinauszuweisen, was jeweils *nur* zwischenmenschlich ist. Sie hat dafür Wörter, die ihren vollen Sinn und ihre Gültigkeit in jener Korrelation haben, die in den meisten europäischen Sprachen mit der Anwendung und lautlichen Anpassung des lateinischen Wortes *religio* bezeichnet wird [1]).

Es waren sprachliche Untersuchungen, die mir zeigten, dass zur besseren Kenntnis der griechischen Religion die Eruierung und Darstellung ihres archetypischen Stoffes noch nicht genügt, obwohl auch dieser Weg schon weiter führt, als die bisher sogenannte „historische Methode". Es gibt Wörter mit archetypischem Inhalt, die zum Verständnis der Religion der Griechen durch *diesen Inhalt* wichtig sind, wie „Mutter" oder „Vater". Sinn und Geltung dieser Wörter sind in einer zwischenmenschlichen Beziehung gegeben und sie weisen nicht notwendigerweise in jene Korrelation hinüber, die Religion heisst. Es wurde der Versuch gemacht, Religion von zwischenmenschlichen Beziehungen abzuleiten und diese Ableitung psychologisch glaubhaft zu machen: man kennt diesen Versuch Sigmund Freuds. Alle religiösen Aussagen der griechischen Sprache aus zwischenmenschlichen Beziehungen abzuleiten ist aber nicht möglich, und daran scheitert die Allgemeingültigkeit der Freudschen Erklärung der Religion.

In einer Reihe sprachlicher Untersuchungen gelangte ich zum Ergebnis, dass die griechische Sprache ihre inhärente Theologie besitzt [2]). Das Grundwort dieser Theologie ist *theós*. Es ist aus dem

---

[1]) Vgl. „Das Ungeschichtliche" in meinem *Umgang mit Göttlichem*, 2. Ausg. Göttingen 1961, S. 68-78.

[2]) Vgl. meine Studie „Die Sprache der Theologie und die Theologie der Sprache", *Areopag* IV (1969), S. 81-91.

Gesichtspunkt der strengen Methode sehr beruhigend, dass man, um *theós* zu verstehen, keinen bekannten oder unbekannten Gottesbegriff, keine „Gottesidee" einzuführen hat, sondern von einer *Erfahrung* ausgehen kann, bei der dieses *Wort* prädikativ ausgesprochen wird. Die Erfahrung ist aus dem Satz zu erkennen, in dem *theós* prädikativ gebraucht wird, es sei denn, dass das Wort selbst schon ein Satz ist: *Theós! Ecce deus!* Zwischen Erfahrung und Wort gibt es *kein Drittes*. Diese günstige Situation darf auch eine Untersuchung über *Zeus* nicht verschmähen, sie ist da *im Worte selbst* gegeben.

Das Wort *Zeus* hat rein grammatisch, d.h. ausschliesslich sprachlich betrachtet, keinen anderen Sinn und keine andere Geltung, als solche, die in die gleiche Kategorie gehören, wie Sinn und Geltung von *theós*. Dies, dass *Zeus* eine Aussage ist, die Aussage einer Erfahrung von der gleichen Kategorie, wie *theós*, ist seine Einzigartigkeit unter allen griechischen Götternamen. Nach ihm folgt in der griechischen religiösen Rangordnung sogleich *theós*. Konkretheit ist sowohl *Zeus* als auch *theós* auf sprachlicher Grundlage zuzusprechen, *die Konkretheit eines Ereignisses*: im Fall des *Zeus* ursprünglich eines bestimmten Ereignisses, während diese Einschränkung bei *theós* auch ursprünglich nicht da war. Die Zahl der Ereignisse, die *theós* sein konnten, war von je her unendlich.

Die sprachphilosophische Überzeugung, die hier der „Strengen Methode", dem „Ausschluss eines Dritten zwischen Erfahrung und Wort", zugrunde liegt und — wie ich glaube — wissenschaftlich durchaus haltbar ist, wiederhole ich nach der Einleitung meines „Dionysos"[1]:

> „Die Erfahrungen des Menschen bringen nicht immer und nicht sogleich Gedanken hervor. Es können Bilder, können Worte aus ihnen entstehen, denen keine Gedanken vorausgingen. Der Mensch war schon der Bearbeiter seiner Erfahrungen, ehe er ein Denker war. Vorphilosophische Erkenntnisse, Bearbeitungen der Erfahrung, die vom Denken übernommen und weitergeführt werden, spielen sich in der Sprache ab... Die Sprache kann selbst weise sein und Unterscheidungen machen, durch die die Erfahrung in die Bewusstheit gehoben und zum Element einer gemeinsamen, vorphilosophischen Weisheit der Sprechenden gemacht wird".

Daher wird mein erstes Kapitel dem *Wort* „Zeus" gewidmet. Der Verfasser des Werkes „The Cults of the Greek States" (Oxford 1896),

---

[1]) *Dionysos, Archetypal Image of Indestructible Life*. Princeton University Press 1972 (In Vorbereitung).

Lewis Richard Farnell begann sein Kapitel über Zeus, indem er den
Eindruck des Forschers in den Vordergrund stellte:

> „The study of the cults of Zeus is perhaps the most interesting
> chapter of the history of Greek religion, for it includes the two
> extremes of religious thought, the most primitive ideas side by side
> with the most advanced; nearly all the departments of nature and
> human life were penetrated with this worship. Although the figures
> of Apollo, Athene, Dionysos, and Prometheus are of more importance
> in the history of external civilisation and of the special arts of Greece,
> yet no character in Greek religion has such a wealth of moral ideas,
> as the character of Zeus. At times he seems to overshadow the separate
> growth of polytheism; and at times in expressing the nature of Zeus
> the religious utterance became monotheistic."

Deutsche Gelehrte sprachen vor Farnell von einem „monotheistischen Triebe im Polytheismus", der in der Zeusreligion zum
Vorschein kam [1]). Einen mindestens ebenso grossen Eindruck hätte
die *lückenlose Dichte* des Zeuskultes machen sollen, wo immer in der
antiken Welt griechisch gesprochen wurde. Der Vergleich mit dem
primitiven Glauben an einen „Hochgott" ohne Kult wird dadurch
von vornherein ausgeschlossen. Beinamen und Anrufungen, deren
Aufzählung in C. F. H. Bruchmanns *Epitheta deorum* (1893) zweiund-
zwanzig Seiten (122-43), in Roschers Mythologischem Lexikon
achtzig Seiten (Band VI S. 592-671) in Anspruch nimmt, bezeugen
eine Geltung, die ausser Zeus keine Gottheit der Griechen besass.
A. B. Cooks „Zeus" ist den verschiedenen Aspekten des „Himmelsgottes" gewidmet — einer ebenso einseitigen Auffassung des Zeus,
wie eine monotheistische wäre — und wurde in fünf Bänden (Cambridge 1914-40) zu einem Repertorium der Mythen und der Monumente des Kultes, könnte aber noch fortgesetzt werden, weniger in
bezug auf die Mythen, als auf die Kultdenkmäler. Das Missverhältnis
zwischen der Unzahl der Zeugnisse vom Bestehen dieser Religion und
jenem Inhalt, der ihr als „Verehrung des Himmelsgottes" zuge-
sprochen werden könnte, wäre erstaunlich. Stünden wir also doch
einer Art „Monotheismus" gegenüber?

Es ist eine grosse historische Religion, der wir gegenüberstehen.
Hätte sie durch ihre historische Existenz schlechthin Erstaunen
erweckt — und das tat sie nur deswegen nicht, weil man von einer
monotheistischen Religion herkommend ihr entgegentrat — so hätte
sie zu Fragestellungen Anlass gegeben, die den *Grund* solch einer

---

[1]) Vgl. die kritische Schrift von J. Overbeck, *Beiträge zur Erkenntnis und Kritik
der Zeusreligion*, Leipzig 1861, S. 4.

Religion betreffen. Die Belege, die blossen Zeugnisse wurden ge-
sammelt, als wäre die Existenz solch einer an den Monotheismus
erinnernden Religion selbstverständlich gewesen und als ob man keine
besonderen Gedanken sich darüber zu machen hätte, *was* sich da,
wie der Monotheismus der Juden und Christen, durchgesetzt und
bewährt hatte? Dieses Problem stellt sich indessen angesichts der
überwältigenden äusseren Bezeugung unausweichlich. Man hatte es
nur nicht gemerkt, geschweige denn beantwortet.

Es wird im Folgenden der Versuch gemacht, Antwort zu geben
auf die Fragen: Wer wurde eigentlich in der Zeusreligion verehrt?
Wer war Zeus in Korrelation mit dem Griechentum? Und wer war
die mit ihm historisch und archetypisch verbundene Göttin Hera,
verbunden als wären sie ein menschliches Paar? Das Archetypische
bildet das Dauernde in der Geschichte, es verlieh der griechischen
Religionsgeschichte jene Plastizität, welche die politische Geschichte
aus Persönlichkeiten schöpft. Plastizität ist der griechischen Religion
ohne Gründer- und Verkünderpersönlichkeiten eigen. In meinen
Darstellungen der „Urbilder der griechischen Religion" wird die
Geschichte der griechischen Religion geschrieben, von den erreichbaren Anfängen an bis zu jenem Zustand des Kultes und des Mythos,
nach dem die Geschichte vom archetypischen Gesichtspunkte aus
nichts Neues mehr zum Vorschein brachte.

Das Neue ist unvermeidlich in der Geschichte der Wissenschaft, die
nicht stehen bleiben kann, wenn sie Wissenschaft sein will. Unvermeidlich ist es ebenfalls, dass es im Fach auf mehr Widerstand stösst,
als es bei unvoreingenommenen Lesern stossen sollte. Der unvor-
eingenommene Leser vertritt die Menschheit und *Geschichte* wird
— so verstehe ich sie wenigstens — immer mit Aussicht auf Resonanz
in der Menschheit geschrieben, zumal Geschichte, die Allermensch-
lichstes zum Gegenstande hat. Was die Gelehrten betrifft, die auf
dem gleichen Felde arbeiten, muss ich sie auf die Mahnung eines
grossen Physikers, Werner Heisenbergs in seinem „Der Teil und das
Ganze" verweisen: es ist manchmal notwendig, wenn die Wissenschaft
weitergehen soll, die Denkweise zu ändern. Die Wahrheit über das
seltene Phänomen, das die Religion der Griechen war, wenigstens an-
näherungsweise zu fassen, verdient den Versuch solch einer Änderung.

Ich wählte aber mit meinem Gesichtspunkt, dem Blick auf das
Archetypische, eben jene Begrenzung, die ich schon angedeutet habe.
Das Buch muss dort aufhören, wo dieser Gesichtspunkt — im
Hinblick auf Zeus — nicht mehr den wesentlichen Zug im Bild der

höchsten Gottheit der Griechen treffen würde: wo der „Vater" im Sinne des „Vaterarchetypus" nicht mehr im Vordergrund des Denkens über Zeus steht. Das ist der Fall schon bei Hesiod, bei dem der „Vater" zu einem genealogischen Prinzip zusammenschrumpft, und noch mehr bei den archaischen Philosophen, um nicht zu reden von den Männern, die im Athen des fünften Jahrhunderts und nachher über Zeus nachgedacht haben. Der Zeus der Philosophen und der Tragiker soll in einem anderen Buch näher betrachtet werden, in Verbindung mit Apollon und der Religion, die Delphi in seinem Namen vertrat.

Rom, Februar 1971

KAPITEL I

DAS WORT „ZEUS" UND SEINE SINNVERWANDTEN
(*THEÓS* UND *DAIMON*)

Nach dem ersten Weltkrieg, in einer Periode, in der man eine geistige Erweiterung in den klassischen Studien und durch sie erwartete, wurden die zwei berühmtesten griechischen Gelehrten Deutschlands zu Vorträgen über Zeus aufgefordert: Hermann Diels und Ulrich von Wilamowitz-Moellendorff. Ihre Vorträge fassten das Wissen der Zeit über den höchsten Gott der Griechen zusammen. Die historische Erforschung der Antike hatte einen Höhepunkt erreicht.

Die zwei Vorträge sind durch ihre Widersprüche untereinander, der Vortrag von Diels auch durch einen inneren Widerspruch ebenso charakterisiert, wie durch eine gemeinsame Grenze: eine Beschränktheit in Bezug auf Religion, in diesem Fall auf eine echte religiöse Möglichkeit bei den frühen Griechen.

Diels, der seinen Vortrag 1922 in Kopenhagen hielt [1]), empfand die Widersprüchlichkeit seiner Auffassung bis zu einem gewissen Grade selbst, doch nicht genug, um alle Inkonsequenzen seiner Gedanken über Zeus zu erkennen. Er beginnt seine Darlegung damit, dass die vergleichende Erforschung der antiken Religion und Mythologie nach der Analogie der Sprachvergleichung sich nicht bewährt habe. Dennoch meint er, dass es eine Gottheit gab, die als „gemeinsamer Glaube des indogermanischen Urvolkes" in Anspruch genommen werden könne. Diese Gottheit sei Zeus, der Vater der Götter und Menschen. Er sei unter den Olympischen Göttern zugleich der einzige, dessen Name durchsichtig sei und der darin auch sein ursprüngliches Wesen deutlich offenbare: „Die Sprache unserer indogermanischen Voreltern bezeichnete mit *djeus*, Akkusativ *djem*, das himmlische Licht".

Diels nahm noch nicht zur Kenntnis, was die Sprachwissenschaft — noch nicht die „Sprachinhaltsforschung", doch eine strenge Erforschung der Wortformen, die sich mit den simplifizierenden Etymologien der Sprachvergleichung älteren Stils nicht zufrieden

---

[1]) „Zeus", *Archiv für Religionswissenschaft* XXII (1923/4), S. 1-15.

gab — ungefähr gleichzeitig feststellte [1]): dass nämlich der indogermanische Stamm *djeu-* zu einem Verbum *div-* mit „perfektiver Aktion"
gehört. „Als Grundlage der Untersuchung hat also" — so wurde
festgestellt — „*djeu-* mit *der* Bedeutung zu dienen, die der des Ver-
bums am nächsten kommt". Das ist, nach dem Sprachforscher,
Herbert Zimmermann, den ich zitiere, *djeu-* „in physikalischem
Sinne", d.h. „Aufflammen der Sonne bei Tagesanbruch" oder — als
Resultat — „der helle Tageshimmel". Mit dieser Zutat springt aber
der Sprachforscher aus der Sprache gleichsam heraus und lässt den
Inhalt des Stammes *djeu-* — und somit auch des Wortes Zeus — hinter
sich. Seine Wahl des Wortes „Aufflammen" für den Inhalt ist auch die
krasseste, vom Feuer hergenommene Bedeutung, was nicht notwendig wäre: wir dürfen auch bei „Aufleuchten" bleiben, ja, wir
kennen auch kein näher liegendes deutsches Wort als dieses [2]). Mit
der Bedeutung „der helle Tageshimmel", „als Resultat", entfernt sich
Zimmermann noch mehr vom grammatischen Inhalt. Er kann sie
aus dem Griechischen nicht belegen: „Diese lokale Bedeutung wahrt
vor allem der Veda".

Als Diels seinen Vortrag vorbereitete, war die Sprachwissenschaft
noch nicht so weit oder ihr nuancierteres Ergebnis war Diels noch
nicht bekannt. Es blieb ausserhalb seiner Betrachtung, dass Zeus zum
eigentlichen Inhalt das Moment des Aufleuchtens hat: ein Moment,
das die deutsche Sprache zum Ausdruck bringen kann, andere
Sprachen, wie die englische oder die romanischen schon viel weniger.
Den grossen Philologen, der hauptsächlich bei den griechischen
Philosophen zu Hause war, störte es nicht, dass keine der *statischen*
Bedeutungen, wie „Himmel, Tag, Lichtglanz, Helligkeit", die über
das entscheidende, *dynamische* Moment des Lichtwerdens selbst hin-
ausgingen, aus dem Griechischen, sondern nur aus verwandten
Sprachen heranzuholen waren. Er stellte es fest und sah darin den
Widerspruch zu seiner Methode nicht, von der er glaubte sie sei
exakt: „Im Griechischen ist die Urbedeutung Himmel, Tageshelle
fast völlig verschwunden" [3]) — wobei dieses „fast" auf recht hypothetischen Spuren beruht.

Nach Diels Auffassung aber müsste Zeus folgerichtig da am engsten

---

[1]) Herbert Zimmermann, „Das ursprüngliche Geschlecht von *dies*", *Glotta*
XIII (1924), S. 95.
[2]) „Scheinen, hell glänzen, leuchten", nach Hjalmar Frisk, *Griech. etym. Wörterbuch*, Heidelberg 1954, S. 611; gegen J. Wackernagels Zweifel vgl. Kretschmer,
unten S. 12, Anm. 2.
[3]) S. 2.

mit dem Himmel verbunden gewesen sein, wo sich die Griechen als Hellenen konstituiert haben: in Nordgriechenland, namentlich in Dodona, wo Zeus eine alte und immer altertümlich gebliebene Orakelstätte besass. Ebenda, so muss indessen wiederum Diels feststellen, hatte Zeus den Beinamen Naios oder Naos: „der von der Quelle".

> „Nicht in dem Wipfel der Eiche, deren Blätterrauschen als Stimme des Zeus galt, wohnte der Gott, sondern auf ihrem Grunde (ἐν πυθμένι φηγοῦ), wie Hesiod ausdrücklich sagt"[1]).

Also gerade der Dodonäische Zeus war ursprünglich kein Himmelsgott! Hatte er überhaupt einen charakteristischen Bezug, so nur diesen, dass er der Gott der Hellenen war, die ihn da mit einer älteren Orakelstätte verbanden. Warum aber mit einer Orakelstätte? Dies fragt Diels nicht. Ein Aufleuchten, allerdings nicht im physikalischen Sinn, das sich durch ein Orakel *menschlich*, als Erfahrung der Fragenden, ereignen kann, wäre hier die Erklärung, oft in der griechischen Bedeutung des φῶς, „Licht": „Rettung" [2]). Es ist zu bedenken, dass die Unterscheidung zwischen „physikalischem Sinn" und einem menschlichen Sinn von ursprünglichen Sprachen nicht zu erwarten ist. „Aufleuchten" ist „Aufleuchten", ob diese Erfahrung durch oder ohne einen Lichtkörper hervorgerufen wird.

Aus allem, was Diels richtig feststellt — der frühen Gegenwart des hellenischen Zeus in Dodona als Orakelgott, der seine Offenbarungen nicht vom Himmel her gibt — hätte schon die Konsequenz gezogen werden sollen, dass Zeus nicht nur den Schauplatz meteorologischer Phänomene beherrschte, sondern auch das Gebiet des Bewusstseins, in dem er „Panhellenios", der „allen Hellenen gemeinsame Gott" heissen konnte. Dieses Beiwort stellt Diels in Verbindung mit dem höchsten Berg auf Aegina und dessen Zeuskult in den Vordergrund [3]), als ob es einen gemeinsamen Wettergott bedeutete, der für alle Griechen *hier* seinen Sitz hätte — was die Griechen nicht denken konnten. „Panhellenios" bedeutet den Gott aller Hellenen schlechthin: einen Gott mindestens soweit mit geistigem oder moralischem Inhalt, als das Bewusstsein der Gemeinsamkeit eine geistige und moralische Tatsache ist.

Vor dieser einfachsten Folgerung, die auch ohne die genauere Be-

---

[1]) S. 4; Hesiod, *Fr.* 134 Rzach.
[2]) *Ilias* 6.6; 17.615 etc.
[3]) S. 5.

achtung der Sprache hätte gezogen werden können, blieb Diels stehen. Die weitere historische Folgerung wäre gewesen, dass Hellenen überhaupt erst in der Korrelation mit Zeus da waren und dieser, „der von Homer bis zum Ausgang der Antike an der Spitze der Himmlischen stand" [1]), *nur* in Korrelation mit den Hellenen gedacht werden kann.

Diese Folgerung hat auch Wilamowitz in seinem Vortrag 1923 nicht gezogen. Er war soweit konsequenter als Diels, als er die Qualität eines Himmelsgottes bei Zeus nicht zum Ausgangspunkt wählte:

> „Ziemlich das erste, was jeder lernt, der den Homer wirklich verstehen will, ist, dass Zeus nicht im Himmel wohnt, sondern auf dem makedonischen Berge Olympos, die späteren aber, und so schon späte homerische Dichter den Olymp mit dem Himmel gleichsetzen"[2]).

Damit sei bewiesen, dass Zeus zum Himmelsgott erst geworden ist. „Er war der Herr des Blitzes" — das war, nach Wilamowitz, die ursprüngliche Natur des Zeus. Dies scheint schon eine dynamischere Auffassung zu sein, doch sie war es auf einer recht statischen Grundlage: diese boten die alten olympischen Bronzen, die Zeus mit dem Blitz in der Hand darstellen. Nur in der Plastizität seiner Anschauung — doch einer Plastizität, die bei den Griechen ziemlich spät war — ist Wilamowitz weiter gekommen als Diels. Ihre geistigen Voraussetzungen, die die Annahme eines geistigen und moralischen Inhaltes bei dem hellenischen Zeus in der Frühzeit ausschlossen, waren gemeinsam. Gemeinsam war ihnen auch eine wissenschaftliche Befürchtung, von der Wilamowitz am Anfang seines Vortrags sprach.

Er hielt es für notwendig, sich von Friedrich Gottlieb Welcker zu distanzieren, dem Verfasser jener „Griechischen Götterlehre", die 1857 erschien und die Religion der Griechen in einem systematischen Werk unter dem Einfluss der Ideen der Goethezeit, nach einem langen Gedankenaustausch mit Wilhelm von |Humboldt und mit der Beachtung der vergleichenden Sprachforschung darstellte. Wilamowitz griff mit seinen ersten Worten auf die Entstehung dieses Werkes zurück [3]):

> „Im Jahre 1808 machte der junge Fr. G. Welcker in Heidelberg dem damals berühmten Professor Creuzer seine Aufwartung. Er war

---

[1]) S. 3.
[2]) „Zeus", *Vorträge der Bibliothek Warburg* III 1923-1924 (1926), S. 2.
[3]) S. 1.

auf der Heimreise von Rom, wo er dem Ehepaar Humboldt als
Erzieher ihrer Kinder nahegetreten war und viel mit dem grossen
dänischen Gelehrten Zoega verkehrt hatte. Creuzer, der in allen
Religionen den Nachhall einer tiefen orientalischen Weisheit fand,
war des Todes erstaunt, als der junge Mann ihm sagte, er hätte vor,
eine Geschichte der griechischen Religion zu schreiben. In diesem
Plane des Jünglings liegt viel mehr, als was der Greis in seiner griechischen Götterlehre durchgeführt hat. Denn er bezeichnete der Wissenschaft die Aufgabe richtig, die freilich in absehbarer Zeit schwerlich
eine Lösung finden wird, welche der Religion und der Geschichte
gleichermassen Genüge tut, so eifrig auch gerade jetzt betrieben wird,
was sich Religionsgeschichte nennt.

Als Welcker seine Götterlehre herausgab, schmerzte es ihn tief, dass
sein Hauptsatz keinen Glauben fand; er suchte zu zeigen, dass dem
Gewimmel zahlloser Götterpersonen ein gewisser Monotheismus
vorausgegangen wäre, und der erhabene Urgott sollte Zeus sein. Diese
Ansicht erklärt sich nur so, dass Welcker noch von den Anschauungen
beherrscht war, die sich überlebt hatten, der natürlichen Religion der
Aufklärungszeit und der Symbolik Creuzers. Hinzu kam, dass die
mittlerweile entdeckte Urverwandtschaft der indogermanischen
Sprachen zu der Annahme einer indogermanischen Urreligion führte..."

Diels und Wilamowitz wurden in ihrer Auffassung von Zeus durch
die Befürchtung so negativ bestimmt, sie *müssten* sonst einen Monotheismus der gleichen Art und des gleichen Ursprungs bei den frühen
Griechen annehmen — oder mindestens eine indogermanische Urreligion nach den Vorstellungen der alten Sprachforscher. Weder die
eine, noch die andere Annahme war ihnen etwas, was sie wissenschaftlich hätten vertreten können. Es war eine seltsame Beschränktheit des
Denkens, zu glauben, dass man einen solchen Schritt in das Unbe-
kannte und Ungewisse unbedingt machen muss, wenn man bei den
Griechen nicht von den rohesten Vorstellungen über ihren höchsten
Gott ausgeht. Anders dachte Welckers jüngerer Zeitgenosse, der
früh verstorbene Karl Otfried Müller, der in seinen „Prolegomena zu
einer wissenschaftlichen Mythologie" 1825 den Grundsatz aufstellte:

„Uns bei der Erforschung der Mythen gegen Nichts — auch nicht
gegen Gedanken von ursprünglicher Schöne und Reinheit — zu
verschliessen, und die Erklärung derselben besonders nicht mit
einseitiger Richtung auf eine gewisse beschränkte Classe von Be-
griffen anzufangen"[1]).

---

[1]) S. 80; Neuausgabe Darmstadt 1970, S. 24.

Wenn Schönheit und Reinheit Eigenschaften einer Sprache sein können, so sind sie wahrscheinlich jeder ursprünglichen Sprache zuzuschreiben — auch jener, in der die Zeusreligion uns erscheint.

Der Satz, mit dem Welcker in seiner „Götterlehre" von Zeus zu reden beginnt [1]), darf wohl am Anfang einer wissenschaftlichen Darstellung stehen:

> „An der fernsten Grenze des Griechischen Altertums treten uns die Wörter θεός und δαίμων und die Namen Ζεύς und Κρονίων entgegen: etwas Älteres giebt es für uns in der Griechischen Religion nicht".

Die Wissenschaftlichkeit besteht hier in der Selbstbeschränkung, die auf die zuständige Wissenschaft für den nächsten Schritt weist. Die Sprachwissenschaft kommt dafür, wie schon vorausgeschickt wurde, zunächst in bezug auf die Wortformen in Betracht, doch auch als Sprachinhaltforschung. Mit Exaktheit konnte der Inhalt des Stammes *djeu-* als eine „perfektive Aktion" bestimmt werden: als das Geschehen des Aufleuchtens! Eine Forschung, die sich keinem Ergebnis — selbst wenn es Welckers Auffassung näher stehen sollte, als der von Diels und Wilamowitz — von vornherein verschliesst, muss von hier ausgehen.

Eine Abhandlung von Paul Kretschmer, die sich an die von Herbert Zimmermann anschloss, bestätigte den exakten Inhalt des Wortes „Zeus", sie war aber weniger präzis im Punkte der „perfektiven Aktion" und in einer Ergänzung, die über die sprachliche Gegebenheit hinausgeht:

> „Wir kommen also zum Schluss, dass die Grundbedeutung des Stammes *djeu-*, schwach *div-*, die des Erleuchtens war. Zufolge der früheren Ausführungen bedeutete *djeus* demnach ursprünglich den Erleuchter oder die Erleuchterin, den Dämon des Erleuchtens, des himmlischen Lichts"[2]).

Die Einführung eines „Dämons" als Bewirkers des Erleuchtens und einer „dämonischen Stufe", die Kretschmer im Rgveda, in den Vorstellungen von Dyaus zu erkennen glaubt, ist keine durch die Sprache begründete Annahme: durch das Altindische kann sie nicht begründet werden, noch weniger durch das Griechische. Was griechisch *daimon* ist, darüber muss in Verbindung mit Zeus noch ge-

---

[1]) Friedrich Gottlieb Welcker, *Griechische Götterlehre* I, Göttingen 1857, S. 129.
[2]) „Dyaus, Ζεύς, Diespiter und die Abstracta im Indogermanischen", *Glotta* XIII (1924), S. 101-114.

sprochen werden. Bei den alten Indern gehört zu einem Dämon das Böse, was das Aufleuchten und der helle Tageshimmel nicht sind. Das Aufleuchten und Erleuchten selbst ist für den Menschen, dem es geschieht — ob gleichzeitig mit dem Geschehen in der Natur oder nur in ihm — zugleich der Erleuchter. Es ist etwas durchaus Konkretes, doch nicht wie ein Körper Umgrenztes und Konsistentes, deswegen aber noch kein Abstraktum. Es war bei dem Linguisten, wie bei dem Philologen eine Beschränktheit des Denkens, das *konkrete Geschehen* nicht in Betracht zu ziehen.

Es war auch falsch und überflüssig, wenn man bei den sogenannten „indogermanischen Witterungsimpersonalia" leugnete, dass dem mit Subjekt versehenen Typus Ζεὺς ὕει, „Zeus regnet", der unpersönliche Typus ὕει „es regnet" vorausging [1]). Das Gegenteil konnte mit grösster Wahrscheinlichkeit festgestellt werden [2]). Ausser Wilamowitz in seinem Zeusvortrag [3]) äusserten sich zwei grosse Linguisten in positivem Sinne. Karl Brugmann (1925):

> „Für solche Naturerscheinungen wird es Bezeichnungen bereits gegeben haben, ehe man mythologischer Auffassung in diesen Dingen Ausdruck gab"[4]).

Ähnlich Jacob Wackernagel (1926):

> „Wir haben kein Recht anzunehmen, dass die religiöse Auffassung ohne weiteres das Ältere sei gegenüber einer solchen Auffassung, bei der man sich begnügte, den Vorgang an sich auszusagen, ohne nach dem Agenten zu fragen"[5]).

Nicht beachtet wurde von den Linguisten die Möglichkeit, dass die religiöse Auffassung eines Naturgeschehens oder auch eines Geschehens, dessen einziger Schauplatz der Mensch war, einen vom Geschehen abgesonderten, ausserhalb des Agierens existierenden Agens nicht unbedingt erfordert. Solche Teilung der Erfahrung in die der Aktion und die des Agierenden wird durch die Unmittelbarkeit der Erfahrung in ihrem ersten, eigentlichen Moment wenigstens ausgeschlossen. Im zweiten Moment ist die Sprache da und dass es

---

[1]) W. Havers, „Primitive Weltanschauung und Witterungsimpersonalia", *Wörter und Sachen* XI (1928), S. 105.

[2]) Th. Siebs, „Die sog. subjektlosen Sätze", *Zeitschrift für vergleichende Sprachforschung* XLIII (1910), S. 266.

[3]) S. 3.

[4]) „Die Syntax des einfachen Satzes im Indogermanischen", *Zeitschrift für vergleichende Sprachforschung* LIII (1925), Beiheft, S. 17.

[5]) *Vorlesungen über Syntax*, 1. Reihe, 2. Aufl., Basel 1943, S. 116.

sogleich auch zu einem dritten Moment — dem der Abstraktion —
kam, ist eine unbewiesene und unwahrscheinliche Annahme. Zur
Korrelation, die Religion heisst, genügen Geschehen und Mensch.
Die exakte linguistische Auffassung des Wortes *theós* beweist dies. Auf
Grund sprachlicher Beobachtungen von zwei solchen Kennern des
Griechischen, wie Wilamowitz [1]) und Wackernagel [2]) steht es fest,
dass dieses Substantiv mit männlicher Endung etwas von seinem ursprünglichen Prädikationscharakter für immer behielt: vom Charakter
einer Aussage, die sich auf etwas beziehen kann, das die Prädikation
hervorruft: *theós*. Es gibt Beispiele noch in der relativ späten Sprache,
bei Euripides und Menander, wo *theós* von einem Geschehen ausgesagt wird oder — bei Sophokles — wo „Theós!" im Sinne des ver-
gilischen „Deus, ecce deus!" viermal gerufen wird [3]). Andererseits ist
theós in der ganzen griechischen Sprache, soweit diese nicht von
Juden oder Christen gesprochen wurde, ohne Vokativ: [4]) ein Geschehen wird eben nicht angesprochen! Das Wort *theós* ist ein *vor-
kultisches Wort*, und es beweist, dass die Korrelation, die auch ohne
Kult Religion ist, zu jeder Zeit der griechischen Existenz zustande
kommen konnte.

Mit dem nächststehenden Wort einer anderen indogermanischen
Sprache verglichen, erscheint *theós* als das für die griechische religiöse
Erfahrung besonders charakteristische Wort. Jenes nächststehende
Wort ist hethitisch *teshas*, „Schlaf" und „Traum" [5]). Die Entsprechung
der Laute ist zwischen *teshas* und *theós* regelrecht und voll: vom
Gesichtspunkte der Phonetik aus kann hier eine mathematische
Gleichung aufgestellt werden. Das hethitische Wort ist ausserdem ein
Nomen der gleichen Deklination wie *theós*. Dem Sinne nach entsprach
ihm indessen eine kürzere Form desselben Wortes im Griechischen,
die nur in Zusammensetzungen erhalten blieb: *thes-* in den homerischen Wörtern *thesphatos, thespesios, theskelos*. In *thesphatos*, das un-
missverständlich „das von einem Orakel Ausgesprochene" bedeutet,
ist *thes-* ganz offenkundig gleichwertig mit *teshas* als „Wahrtraum'.
Der zweite Bestandteil der angeführten zusammengesetzten Wörter
hat in allen drei Fällen den Sinn des Sagens (die Wurzeln *pha-* und
sep-) oder Antreibens (die Wurzel *kel-*).

---

[1]) *Der Glaube der Hellenen* I, Berlin 1931, S. 17.
[2]) L.c., a.O., S. 297.
[3]) Vgl. mein *Griechische Grundbegriffe*, Zürich 1964, S. 17; bei Sophokles,
Ichneutai ein vierfaches Beispiel: viermal θεός.
[4]) Wackernagel, a.O., S. 297.
[5]) Johannes Friedrich, Hethitisches Wörterbuch, Heidelberg 1952, S. 222.

Das Charakteristische, was Hethiter und Griechen trennt, besteht darin, dass im Hethitischen der Wahrtraum selbst ein Masculinum ist, wie im Griechischen *oneiros*, der Traum, der auch als Person auftreten kann [1]). Phonetisch ist *teshas* wohl mit *theós* gleichzusetzen, semasiologisch aber nur mit *oneiros*. Der *theós* der Griechen beschränkt sich nicht darauf, dass er im Schlaf erscheint: wenn ein Traum, so kann er auch ein Tagtraum sein, der die Dimensionen der sinnlichen Erfahrung um eine weitere, unsinnliche Dimension bereichert. Er ist mehr als das unbestimmte *thes-*, das im Griechischen nur ein Neutrum sein könnte: *theós* mit männlicher Endung hatte für die Griechen schon einen Schritt auf dem Wege zur persönlichen Erscheinung getan, er wurde aber nicht nur im Traum, sondern auch im wachen Zustand erfahren. Die Abgrenzung der Traumerfahrung von dem immer und überall möglichen Geschehen fiel mit dem Schritt zur persönlichen Erscheinung zugleich dahin.

Bei den Griechen geschah das, wobei „Theós!" ausgerufen werden konnte, nicht nur im Traum, sondern auch in der Natur und in der Geschichte und *zugleich* in der zusätzlichen Dimension des Geistes. Daher ihr Sprichwort das in der Literatur dem ersten Philosophen, Thales zugeschrieben wird: „Πάντα θεῶν πληρή — Alles ist der Götter voll!" [2]) Es gab für sie kein Moment und keine Stelle, woher ein Gott dem Menschen nicht entgegentreten konnte. An Deutlichkeit, Schärfe der Umrisse und Plastizität konnte er verschieden sein, je nach dessen Begabung, Gestalten zu sehen und sie festzuhalten, der die Erfahrung machte. Diese Begabung war bei den Griechen gross.

Fragen wir aber nach den *Griechen*, fragen wir von welchem, mit absoluter Chronologie nicht bestimmbaren Moment an — einem Moment in der Prähistorie mit der grössten historischen Auswirkung — Griechen da waren, so ist die wahrscheinlichste Hypothese diese: seitdem bei ihnen jenes Grosse geschah, das Aufleuchten draussen und drinnen als eine besondere Erfahrung, die das Wort *Zeus* enthalten wird. Kein Gott ist *historisch* ohne jene Korrelation denkbar, in der er auf Menschen wirkte und zu der auch die Menschen gehörten, die ihn erfahren oder aus früher Erfahrung übernommen und angenommen haben — aber auch diese Menschen nicht mehr ohne ihren Gott oder ihre Götter, nachdem die Korrelation einmal zustande kam. Korrelation mit mehreren Göttern war möglich.

[1]) *Ilias* 2.6,8 und 22.
[2]) Hermann Diels, *Fragmente der Vorsokratiker*, 6. Ausg. Nr. 11 A 22.

Darin ist die Zeusreligion nicht mit dem Verhältnis des Volkes Israel zu seinem Gott vergleichbar, doch sie *ist* an sich vergleichbar. Ja, die historische Analogie — unabhängig vom Inhalt des Zeus und des Gottes der Israeliten — liegt so nahe, dass sie im allgemeinen in Betracht gezogen werden muss.

Um so wichtiger ist es, das Spezifisch-Griechische im Kern der Korrelation „Griechentum und Zeus" zu erwägen, soweit dieser Kern, die Erfahrung „Zeus" der Griechen, eine Erwägung überhaupt zulässt. Zwei Elemente enthält das Wort „Zeus": Lichterfahrung und die Modalität dieser Erfahrung. Das griechische Licht ist aus ihren Voraussetzungen nicht auszuschalten. Eine andere Voraussetzung war die sinnliche und geistige Sensibilität, die den Griechen bis zum Aufhören ihrer geistigen Produktivität eignete. Der Übergang in das „griechische Licht", aus einer weniger lichtstarken Region, ist eine Erfahrung aller, die vom Norden her nach Griechenland kommen und über einen bestimmten Grad ähnlicher Sensibilität verfügen [1]). „Ein Licht, dessengleichen das Auge nicht zuvor erblickt hat und in dem es sich beseligt, als erwache es heute erst zum Sinn des Sehens" — sagt von ihm Hofmannsthal [2]). — Dieses Licht sei unsäglich scharf und mild zugleich. Es bringe die feinsten Einzelheiten heran, so setzt er fort und findet schöne Worte auch dafür, mit welcher Deutlichkeit es das tut. Für die Griechen war das Licht das Element der Wahrheit, wie die Nacht das Element der Diebe [3]).

Wird aber „Zeus" sprachlich genau betrachtet — was hier bedeutet: die äusserste Grenze der wissenschaftlichen Betrachtung zu erreichen und darüber nicht hinauszutreten — so schliesst das Wort aus, dass man für seinen Inhalt jenes Licht an sich und dessen Erfahrung hält. Weit entfernt ist diese Erfahrung dennoch nicht davon, was „Zeus" war. Die Modalität, die im Wort enthalten ist, ist die einer *actio perfectiva*. Damit stand „Zeus" in Gegensatz zu einer *actio inchoativa*, bei der nichts hervorgebracht wird, doch in keinem Gegensatz zu einer *actio iterativa*, einem sich wiederholenden Geschehen. Ein Geschehen, das sich wiederholt, lässt von sich aus einen immer gleichen Agens auftreten. Recht dramatisch erschien dieser Aktor in der Person des Zeus auf der Bühne der Natur und des ganzen Alls! Ein Gegensatz ist indessen zwischen seinem Auftreten und der

---

[1]) Vgl. „Auf Spuren des Mythos", in meinen *Werken* II, München 1967, S. 182 ff.

[2]) In der Vorrede zu Hanns Holdt, *Griechenland*, Berlin 1923, S. V ff.

[3]) *Iphigenia Taurica* 1026.

Funktion des Helios festzustellen: die Sonne leuchtet vom Himmel her, schaut zu aus der Ferne und spendet Tage und Jahre [1]). Ein Geschehen, das durch Zeus den Menschen sichtbar und zugleich in ihren Geist aufgenommen wird, wird von ihm durch keine Distanz getrennt. Auf ihn, der in seinem Wesen *vollbringendes Geschehen* ist, führt sich später das, was geschieht, immer wieder ein Geschehen, zurück, von der Bewegung der Wolken an bis zur ruhigen Helle, der *eudia*. Das Element *eu* besagt es in diesem zusammengesetzten Wort, dass es nun „gut" ist, aber zugleich, dass es schon weniger gut war und wieder weniger gut sein kann: *eudia* geschieht nicht weniger als Regen oder Schneesturm. Nicht der Himmel oder das Licht an sich sind „Zeus": Ereignisse zeugen von ihm, wie das Drama des Lichtes zu dem auch Schatten gehört, und wie Blitz und Donner, nicht nur bei Tage, sondern auch in der Nacht. Der schwarz bewölkte Himmel war ganz besonders *sein* Ort, — darauf spielt Homer mit seinem *nephelegereta* an — *der Ort des Aufleuchtens.*

Welcker setzte an den Anfang seiner Darstellung des Zeus eine Idee, als die „grösste Tatsache, wenn wir in das höchste griechische Altertum zurückgehen." An der „Tatsache" ist festzuhalten und auch am widerspruchsvollen Gebilde, das aus der „grössten Tatsache" hervorging. Die anfängliche Tatsache war nach Welcker „die Idee Gottes als des höchsten Wesens, verbunden mit einem Naturdienst, welcher nie ganz untergegangen ist, aus welchem sich aber frühzeitig eine von Zeus entsprossene Götterfamilie ausserhalb der Natur hervorzubilden angefangen hat" [2]). An die Stelle von Welckers Gottesidee ist „Zeus" zu setzen, als konkrete Erfahrung. Die Schwierigkeit bleibt indessen die von Welcker bezeichnete. Die anfängliche „grösste Tatsache", der „Naturdienst" und die „Götterfamilie" waren drei Gegebenheiten, doch das Eine von den Dreien scheint das Andre immer auszuschliessen. Die Aufgabe einer historischen Darstellung, deren sprachliche Grundlage Welcker andeutete, wird darin vorgezeichnet. Dass *theós* und *Zeus* tatsächlich sinngemäss zusammengehören, sahen wir schon.

In der historischen griechischen Religion bezeichnen *Zeus*, *theós*, *daimon* den Pol zu dem sich der Mensch als der Gegenpol verhält. Ihre sprachliche Betrachtung führt zur äussersten Grenze dessen, was als „Griechische Götterlehre" gelten darf, ja sie sind diese Grenze selbst. Von den drei Wörtern ist *Zeus* paradoxerweise das *unpersön-*

---

[1]) Kerényi, *Töchter der Sonne* (Zürich 1944), S. 23 and 60 f.
[2]) *Griechische Götterlehre* I, S. 129.

lichste und *singulärste* zugleich: fast so unpersönlich, wie *thes*. Es ist ein Masculinum, wie die Wörter auf *-eus* im Griechischen es sind. Doch zeugen die lautlich genau entsprechenden *dyaus* und *dies* im Altindischen und Lateinischen von einem Schwanken des Geschlechtes zwischen Femininum und Masculinum, d.h. vom Fehlen eines notwendigen Geschlechtes [1]), das bei einem *Agens* eher das männliche als das weibliche wäre. Diese Unpersönlichkeit wird Zeus mit einer auffallenden Singularität verbunden. Werden Plurale von Zeus überliefert, so zeigen die Beispiele, dass sie bloss grammatische Möglichkeiten sind, die sich zu Zeus viel komplizierter verhalten, als *theoi* zu *theós*: sie befinden sich nicht mehr auf der Ebene, auf der *Zeus* als *actio perfectiva* sich ursprünglich und wo er schliesslich als höchster Gott sich befand [2]).

In Gegensatz zu Zeus ist *daimon* der *persönlichste* und zugleich am *wenigsten* singuläre unter den drei Angeführten: wie oft das Wort auch im Singular vorkommt, so oft ist ein besonderer *daimon* da. Persönlich ist *daimon* schon wegen seiner Endung, des Bildungselementes *-mon*, das einen Agens am entscheidensten zum Ausdruck bringt. Ein „Zuteiler" heisst *daimon*, doch kein menschlicher Zuteiler. Im Plural ist *daimon* in der Sprache Homers völlig gleichwertig mit *theoi*, „Götter" [3]). *Daimon* im Singular ist auch seinem Sinne nach persönlich: in einem persönlichen Ereignis tritt er zutage, in einem persönlichen Schicksal könnte man sagen. Doch man dürfte dabei das „Schicksal" nicht als ein für sich existierendes Wesen auffassen [4]). Der „Zuteiler" geschah nur in einem persönlichen Fall, es war jeweils eine persönliche Zuteilung, wann es sich immer auch ereignete. Es musste von der Person her gesehen werden, welcher es geschah und soweit war der *daimon* der persönlichste. Dennoch war das Wort *daimon* zugleich der allgemeinste Ausdruck: das Wort im Munde aller Nichtwissenden.

Wer wusste um den Namen, der dem *theós* zukam, der da geschah? Nur einer, der sich unter den Göttern auskannte, *wie ein Dichter*. Es konnte dies als eine Art Gesetz festgestellt werden: wo Homer selbst erzählt, weiss er immer den auftretenden Gott zu nennen, wo wir

---

[1]) H. Zimmermann, a.O., S. 79 ff.
[2]) Diels, „Zeus", S. 2; Eugen Fehrle, „Zeus" in Roschers *Lexikon* VI, S. 575; Wilamowitz, a.O., I, S. 216, 1.
[3]) *Ilias* 1.222; 6.115; 23.595.
[4]) „Jener Aspekt des Göttlichen, in dem es dem Menschen als Schicksal erscheint", nach meinem *Die antike Religion*, 3. Ausg. Düsseldorf 1952, S. 103; *Werke* VII, München 1971, S. 75; vgl. Wilamowitz, a.O., S. 362 ff.

aber einen unbenannten Gott bei ihm finden, da spricht eine seiner Personen [1]). „Der Zuteiler!" zu sagen lag am nächsten in Fällen, welche wie ein individuelles, für eine Person charakteristisches Schicksal erschienen. Ein weiterer Schritt war, den *daimon* als eine individuelle Gottheit niederer Ordnung den Menschen als Individuen zuzuordnen [2]). Auch dies ist ein Phänomen der griechischen Religionsgeschichte, doch erst relativ späten Datums [3]).

Zeus kann *daimon*, im alten ursprünglichen Sinne dieses Wortes, für einen Sterblichen sein. Der *daimon* reicht dorthin, wo der Mensch sein Schicksal hat, nach Hölderlin: „an den Abgrund" [4]). Er kann auch angeredet werden: *daimon* hat seinen Vokativ. Die Form der Anrede besitzt auch Zeus. Die Anrede hat Sinn, wenn der Mensch den Gott an sich erlebt. An den „Vater Zeus" wandte er sich aus einer grösseren Distanz. Den *daimon* erlebte er als den „Zuteiler". In der Tragödie, wo man später das „Schicksal" zu erkennen glaubte, herrschte der *daimon* wie ein allmächtiger Gott. Es gibt lehrreiche Parallelen in verwandten Sprachen. Altpersisch ist *baga*, altkirchenslavisch *Bog* das Wort für „Gott", avestisch und altindisch bedeutet das gleiche Wort „Anteil", „Los", „Geschick", „Zuteiler", „Herr" [5]). Auf die gleiche Weise darf *daimon* für „Zeus" stehen.

Welcker stellte neben *Zeus*, *theós* und *daimon* auch den Namen *Kronion*, ein Patronymikon — „Sohn des Kronos" —, insofern richtig, als auch diese Nachfolge, die Verbindung mit einem neuen Zeitalter nach dem des Kronos, für Zeus charakteristisch war. Er wurde durch den ursprünglichen Inhalt seines Namens, das „Aufleuchten", bei den Griechen nicht mit dem Weltanfang verbunden, sondern mit der Zeit, von der sie selbst geschichtliches Bewusstsein hatten, einer „neuen" Zeit, einer „alten" gegenüber, die noch nicht von Zeus beherrscht wurde. Der Dithyrambosdichter Timotheos von Milet bezeugt, wie an Zeus die Qualität „neu" haftete: er rechtfertigte mit den Worten, die ich als Motto diesem Buch vorausschickte, seine eigene Modernität, eine Erneuerung der griechischen Musik. Seine Berufung auf Zeus mag eine dithyrambische Kühnheit gewesen sein. Er durfte aber mit ihr im Athen des IV. Jh.s v. Ch. auf Resonanz rechnen.

---

[1]) Festgestellt von O. Jörgensen, „Das Auftreten der Götter in den Büchern ι-μ der Odyssee", *Hermes* XXXIX (1904), S. 366.
[2]) Seit Hesiod, *Opera et dies*, 122.
[3]) Vgl. Erik Heden, *Homerische Götterstudien*, Diss. Uppsala 1912, S. 86.
[4]) „Mnemosyne" 1. und 2. Fassung.
[5]) Hjalmar Frisk, *Griechisches etymologisches Wörterbuch* I, 1960, S. 341.

Es ging die Zeit der Perserkriege und der grössten geistigen Helle, die das Griechentum nach Homer erlebte, im VI. und V. Jh. voraus. Über das Bewusstsein der umfassenden Gemeinsamkeit ging die Entstehung des Bewusstseins der gemeinsamen Geschichte hinaus. Der Schauplatz der Bedrohung und Rettung war nicht mehr der Himmel und die Natur in erster Linie, sondern die Erde, auf der die Griechen lebten und starben. Es war kein „physisches", vielmehr ein „moralisches" Geschehen, indem sie im VI. Jh. Zeus als den *Gott ihrer Geschichte* erblickten. Es gibt davon Zeugnisse aus der Zeit, in der diese Geschichte geschah: keine Zeugnisse des Nachdenkens, sondern der Zeusreligion.

Herodot berichtet[1] von der Aussage eines Griechen am Hellespontos, der Augenzeuge der grossen Operation war, mit der Xerxes sein Heer über die Meerenge brachte. Er rief aus: „O Zeus, warum hast du die Gestalt und den Namen des Xerxes für Zeus angenommen, wenn du mit all diesen Menschen Griechenland umstürzen wolltest? Du hättest es auch ohne das machen können!" Und Herodot führt auch einen delphischen Orakelspruch an[2]) von einem bestimmten Spartaner — Leonidas verstand es von sich —, der den Persern Widerstand leisten wird: er habe den „Mut von Zeus" — Ζηνὸς γὰρ ἔχει μένος.

Von den Tragikern sei hier ein einziger Vers zitiert, der diese Auffassung von der Geschichte auf den Heroenmythos überträgt, die letzte Zeile der „Trachiniai" des Sophokles. Nach all dem Schrecklichen, was in der Tragödie geschah, bis zum Selbstverbrennen des Sohnes des Zeus Herakles, ja, *von diesem Geschehen selbst*, sagt der Dichter:

Κοὐδὲν τούτων ὅτι μὴ Ζεύς
und nichts davon ist nicht Zeus —

ein Wort der Zeusreligion, das einem den Atem stocken lässt und doch eine ganz schlichte, unumwundene Äusserung von Sophokles, der nicht philosophiert, wie andere Tragiker! Die Voraussetzung dessen, was sein Chor mit solcher Unmittelbarkeit ausspricht, ist, dass „Zeus" für den normalen Athener der klassischen Zeit (als ein solcher galt Sophokles selbst) — und sicher auch für den normalen Griechen — der „Sinn" war, der in jedem grossen Ereignis mehr oder weniger „aufleuchtete".

---

[1]) VII 56.2.
[2]) VII 220.3-4.

KAPITEL II

ANFANGSZEIT DER ZEUSRELIGION:
FRAGEN IHRER FRÜHEN GESCHICHTE

Es ist nicht fraglich, dass die griechische Religion vornehmlich Zeusreligion war und nicht fraglich, dass die Zeusreligion die für die Griechen charakteristische Religion ist. Die weitere Darlegung wird dies an Einzelheiten zeigen. Die wahrscheinlichste Hypothese ist, dass das Aufkommen der Korrelation: Zeus auf dem einen Pol, die Griechen auf dem anderen, einen Anfang bildete, nach welchem erst griechische Religion und Griechen, die wir in der Geschichte als die Träger dieser Religion kennen, da waren. Fraglich ist der relative Zeitpunkt des Aufkommens dieser Korrelation. Waren die Griechen, die in die Welt der Minoischen Kultur zuerst eindrangen, schon Griechen in diesem Sinne? War die Korrelation bei den Eindringlingen schon da und übernahmen die anderen Griechen sie von ihnen oder entstand sie bei einem später kommenden Stamm oder überhaupt erst auf Kreta?

Die einmalige Entstehung ist die wahrscheinlichste Annahme. Je genauer und treuer die Beobachtung des historischen Phänomens Zeusreligion ist, um so weniger wahrscheinlich wird es, dass sie wiederholt entstand: zwei oder dreimal bei den Griechen. Für die frühe Entstehung sprechen Spuren in den sogenannten mykenisch-griechischen Sprachdenkmälern: der Name Zeus in seiner Eindeutigkeit und Singularität, der in verschiedenen kleinen Kontexten schon da ist. Die wichtigen Texte sind die von Knossos. Nicht aus statistischen Gründen, weil sie zahlreicher sind, als die Erwähnungen in Pylos. Die Zufälligkeit dieser Art der Überlieferung erlaubt keine Schlüsse auf solcher Grundlage. Was vorhanden ist, muss gewertet und interpretiert werden.

An Wichtigkeit steht das Zeugnis von einem *Monat des Zeus* allem voran, aus der Zeit jener Hochkulturperiode nach der Mitte des zweiten Jahrtausends auf Kreta, in der die Herren des Palastes von Knossos schon Griechen waren: *di-wi-jo-jo me-no*, Διοιο μηνός, heisst es da klar und eindeutig [1]). Im Zeusmonat wird Öl „allen Göttern",

---

[1]) Knossos Fp 5; Giovanni Pugliese Carratelli, „Riflessi di culti micenei nelle Tabelle die Cnosso e Pilo", *Studi in onore di Ugo Enrico Paoli*, Firenze 1955, S. 602.

pa-si-te-o-i, einer bereits feststehenden Zusammenfassung der Götter, dargebracht. Ein Monat *Dios* wird sonst in Nordgriechenland bezeugt, ausdrücklich als erster Monat im makedonischen Kalender [1]), ohne Angabe der Stelle im Jahr bei den Griechen, von denen die Makedonen ihn übernommen haben mochten, namentlich auf aiolischem Sprachgebiet, wie Thessalien [2]) und Lesbos [3]) und bei den Aitolern [4]). Wie in einem grossen Bogen reicht die Zeusreligion von der nördlichen Grenze Griechenlands, von einem sprachlich nächstverwandten Gebiet bis nach Kreta. Wenn bei den Stämmen und in den Städten der Mitte, deren Kalender uns wohlbekannt ist, kein Zeusmonat vorkommt, so taugt hier auch das *argumentum ex silentio*: Zeus als Gott eines Monats im Kalender ist wahrscheinlich älter, als seine erhabene Situation über allen Göttern. Denn erst nachdem die Zeusreligion in Griechenland durchgedrungen war, gehörte auf eine gewisse Weise der ganze Festkalender dem Zeus.

Nach einem Text aus Knossos bekam er Getreide als Opfer [5]). Eine weitere Sicht eröffnet sich durch eine Aufzeichnung von Ölopfern: im Monat Deukios, der wohl als Leukios, „Monat des Leuchtens" zu verstehen ist, wird das Opfer für Zeus Diktaios [6]) zum „Dikta" getragen [7]). Der Diktaberg erhebt sich in der Ostspitze Kretas [8]). Er blieb eher mit der Kindheit, als mit der Geburt des Zeus verbunden [9]). Wurde aber die Geburt des Zeus auch dorthin verlegt, so fand dieses Ereignis nicht in einer Höhle statt (eine Kulthöhle konnte da nicht festgestellt werden, obwohl sie sorgfältig gesucht wurde), sondern auf dem Berg selbst [10]), einem Ort des Morgenlichtes, dem Inhalt des Namens *Zeus* entsprechend. Das *diktande* [11])

---

[1]) Ernst Bischoff, „Kalender", *PW* X 2, 1595.

[2]) Perrhaibia, Bischoff, a.O., 1598.

[3]) Bischoff, a.O.

[4]) Bischoff, a.O.

[5]) Knossos F 51 v, 2 *di-we*; der Genitiv *di-wo* E 842.1; P. H. Ilievski, „Two notes on the FR-Tablets, *Minos* VII (1961), S. 149; die abgeleiteten Formen zusammengestellt von Hugo Mühlestein, „Panzeus in Pylos", *Minos* IV (1956), S. 88. Die Annahme eines „Panzeus" beruhte auf einer unsicheren Lesung und bewährte sich nicht.

[6]) Knossos Fp 1.2; L. R. Palmer, *The Interpretation of Mycenaean Greek Texts*, Oxford 1963, S. 235. Ein Buchstabe vor dem Namen des Monates wird sicherlich mit Unrecht vermisst.

[7]) Fp 7.2; Pugliese Carratelli, a.O., 602.

[8]) Paul Faure, „Nouvelles recherches de spéléologie et de topographie Crétoises", *BCH* LXXXIV (1960), S. 189.

[9]) Vgl. Apollonius Rhodius, *Argonautica* I, 508-9.

[10]) Nach Agathokles von Kyzikos, *FgrH* Nr. 472, fr. 1 Jacoby: ἐπὶ τῆς Δίκτης.

[11]) Oben, Anm. 7.

weist die Opfernden wahrscheinlich in einen heiligen Bezirk mit
einem kleinen Bergtempel, wie wir einige von Darstellungen kennen.
Der Mythos von der kretischen Geburt des Zeus, die aus mehr als
einem Grund zu einer Höhle passt, kam erst auf, als die Zeusreligion
schon bestand. Da sie älter war, als die Ankunft der Griechen in
Kreta und wahrscheinlich schon fest mit ihnen verbunden, konnte
sie den Rahmen zu einem frühen und wahren „Synkretismos" bilden.

Es ist weniger leicht zu entscheiden, ob die Zeusreligion erst auf
Kreta um Mythologeme der Geburt und Kindheit, der Ehe und der
Vaterschaft reicher wurde? Ob der im Aufleuchten und Erleuchten
implizierte Agens von den Griechen, die ihn mit Verehrung erfuhren,
nicht schon früher in diese archetypischen Situationen versetzt wurde?
Ganz konkret stellt sich diese Frage in bezug auf den Zustand in
Pylos, der sich in Texten in der gleichen Schrift und Sprache spiegelt,
wie in Knossos, und auf den höchst altertümlichen Zeuskult des
Berges Lykaion in Arkadien. Die Antwort wäre vielleicht leichter,
wenn eine Strömung vom Festland her nach Kreta nicht ebenso in
Betracht zu ziehen wäre [1]), wie die Rückwirkung der schon reicher
gewordenen Zeusreligion von Kreta aus auf das Festland.

Ein Priester der Hera, *Heras iereus* [2]) ist für Knossos nicht sicher
bezeugt: die Lesung *era* ist unsicher [3]) und ein Priester anstatt einer
Priesterin der Göttin wäre verwunderlich. Ableitungen des Namens
Hera scheinen aber in Knossos vorzukommen, doch sie sind wahrscheinlicher Ableitungen von einem Ortsnamen *era* [4]). Erst in Pylos
stehen Zeus und Hera sichtlich verbunden nebeneinander [5]). Unter
den Gaben für ein *di-u-jo*, *Divion* (Heiligtum des Zeus), kommen dem
Zeus (*di-we*) eine goldene Schale und ein Diener zu, der Hera (*e-ra*)
eine goldene Schale und eine Dienerin. An dritter Stelle wird im
gleichen Zusammenhang ein Sohn des Zeus erwähnt, *di-wo i-je-we*,
Διὸς υἱεῖ, gleichfalls im Dativ und mit einer goldenen Gabe. Seine
nähere Bezeichnung *di-ri-mi-jo* ist rätselhaft [6]). Dass er ein Sohn auch

---

[1]) Spyridon Marinatos, „Wanderung des Zeus", *AA* 1962, S. 903-16,

[2]) Luigia Achillea Stella, *La civiltà micenea nei documenti contemporanei*, Roma 1965,
S. 15.

[3]) Knossos As 821.2; ebenso unsicher L 1649.

[4]) Vgl. Monique Gérard-Rousseau, *Les mentions religieuses dans les tablettes
Mycénéennes*, Rom 1968, S. 95 ff.

[5]) Pylos Tn 316.9; *Docs* Nr. 172; Palmer, a.O., S. 262.

[6]) Auf Apollon bezogen von L. A. Stella, „La religione greca nei testi micenei",
Numen V (1958), S. 26 f. An eine düstere Gottheit muss man denken, falls das
Wort mit δρίμυς verwandt ist, vgl. δρίμυς ἀλάστωρ, Aesch. *Ag.* 1501: Διόνυσος

der Hera wäre, geht aus dem Text nicht hervor. Falls es schon hier um eine Familie geht, so um eine, wie die Familie des Zeus bei Homer ist: Hera und ein Sohn, der nicht von ihr stammt, gehörten zu Zeus.

In einem pylischen Text kommt auch ein „Zeussohn Eleuther" vor, *e-re-u-te-re di-wi-je-we* [1]), ein Name, der auf dem Wege von Pylos nach Athen [2]), der kürzesten geographischen Verbindung dieser zwei Orte des Dionysoskultes, mit dem Namen des dionysischen Dorfes Eleutherai verbunden werden kann [3]). Dessen Gründerheros, der da auch den Dionysoskult gründete, trug den Namen Eleuther [4]). Der pylische Träger des gleichen Namens trug wahrscheinlich einen dionysischen Namen [5]). Seine Bezeichnung als *di-wi-je-we* kommt dem griechischen διογενής am nächsten. Der Name, unter dem er allgemein bekannt wurde, erscheint in Pylos zum ersten Mal, auf zwei Tafeln [6]) als *di-wo-nu-so-jo*: durch *di-wo-* deutlich mit Zeus verbunden und ihm untergeordnet. Mindestens eine Ordnung wird dadurch vorausgesetzt, die sicher kretischen Ursprungs war. Zu dieser Ordnung kam es auf der grossen Insel [7]) in der Minoischen Zeit und der zusammengesetzte Name war schon um 1300-1200 v. Chr., der Zeit der pylischen Tafeln, so allgemein gebräuchlich, dass er in beiden Texten den Wein bedeuten konnte [8]). „Eleuther, der Zeussohn" bezeichnete in rein griechischer Form den Rang des Weingottes unter den Göttern der Griechen: vielmehr ein Zeugnis der Ausstrahlung der Dionysosreligion von Süden nach Norden, als das einer Strömung der Zeusreligion selbst, die zu diesem Vorgang den Rahmen bot.

Doch mindestens dies darf in Pylos mit Exaktheit festgestellt werden: Ansätze zur Bildung der Olympischen Götterfamilie um Zeus auf archetypischer Grundlage sind vorhanden: die Vaterschaft von

---

ὠμηστής kommt in Betracht, vgl. C. Gallavotti, La triade Lesbia in un testo miceneo, *Rivista di filologia*, N.S. XXXIV (1956), S. 227 ff.

[1]) Pylos Cn 3.2; Jaan Puhvel, „Eleuther and Oinoatis: Dionysiac data from Mycenaean Greece", *Mycenaean Studies*, Madison 1964, S. 161 f.; zur sprachlichen Form Carlo Gallavotti, *Documenti e struttura del greco nell'età Micenea*, Rom 1955/56, S. 40.

[2]) Kerényi, *Dionysos*, II Kap. 1 (Die Ankunft in der Stadt Athen).

[3]) Hesiod, *Theogonie* 54 die Landschaft von Eleutherai in Böotien, wo die Göttin Mnemosyne zu Hause ist.

[4]) Vgl. Puhvel, oben Anm.1. Der Träger des Namens war ein Mensch, vgl. Hugo Mühlestein, *Gnomon* XXXV (1963), S. 278.

[5]) „Suidas", *s. v. Melan...*

[6]) Pylos Xa 102; Xb 1419.1.

[7]) Mehr bei Kerényi, *Dionysos*, I Kap. 3 (Ariadne).

[8]) Kerényi, „Möglicher Sinn von *di-wo-nu-so-jo* und *da-da-re-jo-de*", *Atti e memorie del 1. Cong. Int. di Micenologia* 2, Rom 1968, S. 1022 f.

zwei Söhnen wird bezeugt. Die Ehe von Zeus und Hera wird dadurch nahegelegt, dass die männliche Eigenschaft des einen und die weibliche der anderen im Kult deutlich zum Ausdruck kommt: ein dienender Mann gehört zu Zeus und eine dienende Frau zu Hera. Die Vaterschaft des Zeus wird dadurch noch nicht mit der Ehe verbunden. Im gleichen, längeren pylischen Text [1]) wird vorhergehend eine dem Namen nach Zeus nahestehende Göttin *di-u-ja*, *Divia* (Dia) und ihr Heiligtum *di-u-ja-jo*, *Diviaion*, erwähnt, an zweiter Stelle nach einer Göttin *i-pe-me-de-ja* (Iphimedeia) — sicher einer lunaren Göttin [2]) — und nach ihrem Heiligtum. Darin scheint sich der Umstand zu spiegeln, dass Zeus vom Norden her eine Göttin schon zugesellt war — sie hiess in Dodona Dione [3]) — und Hera erst später an diese Stelle trat. Die ursprüngliche Zeusfrau, was der Name *Divia* klar ausspricht, war in Pylos eine selbständige Göttin, mit einem ähnlichen Kult (goldene Schale und Dienerin) bedacht, wie Hera. Wenn irgendwo, so war hier, auf der Südpeloponnes der Ort für diese grosse Göttin, von ihrem Heiligtum bei Argos aus mit Zeus in Verbindung zu treten.

Kein zwingender Grund ist in den Texten aufgetaucht, die Gründung der Ehe des Zeus und der Hera und einer Familie um sie auf Kreta zu versetzen. Die Göttin *Divia* hatte Zeus dorthin begleitet und besass da ihr besonderes Fest [4]), wie Hera wahrscheinlich ihre Heraia. Von einem Hochzeitsfest von Zeus und Hera, in der Nähe von Knossos, am Fluss Theren, berichtet Diodor nach einem späten kretischen Schriftsteller. Es bedürfte eines zwingenden Grundes, es in die vorgriechische oder die erste griechische Zeit der Insel zurückzuführen [5]). Was die Vaterschaft des Zeus betrifft, so wird sie durch den Namen *Dio-nysos* nicht sicher vorausgesetzt. Kam dieser Name für den Gott auf, der da in seiner alles überragenden Geltung Zeus vorausging [6]), so bedeutet *-nysos* nicht unbedingt, dass er als

---

[1]) Tn 316.6.

[2]) Der Name ist mit *Iphigeneia* verwandt. Sprachliche Schwierigkeiten bestehen nicht, vgl. Vladimir Georgiev, *Proceedings Cambr. coll. of Mycenaean Studies* 1966, S. 123.

[3]) Der sprachliche Zusammenhang ist ähnlich, wie der von *Dia* mit *Diana*, vgl. Franz Altheim, „Griechische Götter im alten Rom", *RgVV* XXII 1 (1930), S. 98.

[4]) Knossos X 97 plus 284 *di-wi-je-ja / di-wi-ja*.

[5]) Diodor 5.72.4. A. B. Cook, *Zeus* I, 1914, S. 523 nimmt „ritual pairing with the lunar cow" an. Die Annahme hat keinen Grund. Wäre sie begründet, so würde sie auch nicht eine Hochzeit des Zeus und der Hera in der minoischen Zeit bezeugen. In der Nähe ist der Kult der Demeter und Persephone in einer Höhle mit christlicher Kapelle bezeugt: Paul Faure, *Fonctions des cavernes Crétoises*, École Française d'Athènes 1964, S. 147 f.

[6]) Mehr bei Kerényi, *Dionysos*, I Kap. 2 (Mythologie des Ledersacks).

Sohn aufgefasst wurde. *Dio* hob wohl diesen „Nysos" neben den *Nysai*, der Berggöttinnen oder Nymphen die ihn erzogen hervor — wie ein Zeusartiges Wesen, nachdem die Zeusreligion ihren Einzug auf der Insel schon gehalten hatte.

Die Frage nach den Anfängen der Zeusfamilie ist also mit Wahrscheinlichkeit zu Gunsten des Festlandes zu entscheiden. Offen steht die Frage nach dem ursprünglichen Schauplatz der Geburt des Zeus. Fraglich war der Ort der Geburt schon für die Griechen. Kallimachos spricht dies aus: er vertritt den Anspruch Arkadiens gegen Kreta. Er schildert in seinem Zeushymnus [1]) den Schauplatz für ein universelles, den ganzen Himmel füllendes Aufleuchten. Es lag hoch oben, fast schon auf einer Spitze des *Lykaion oros*, des arkadischen Geburtsberges, der als ein besonderer Ort des Lichtes galt. Rhea, die Mutter des Zeus, suchte da die am meisten vom Gebüsch geschützte Stelle aus. Keine Geburt durfte dort in der Zukunft stattfinden: weder menschliche, noch tierische. Der Ort blieb auf eine besondere Weise für immer heilig [2]). Dass eine Tradition von einem Schauplatz der Geburt unter freiem Himmel bestand, wird dadurch erwiesen, dass er sogar nach Kreta übertragen wurde. Auf Kreta gehörten Höhlen zum Aufleuchten: das Licht brach aus der Tiefe und Dunkelheit hervor, zugleich mit dem Frühaufgang des Sirius. Von einer nicht näher bezeichneten kretischen Höhle kann dies mit Exaktheit festgestellt werden [3]).

Wie vorhin gesagt, konnte am Berg *Dikte*, der Zeus auf den knossischen Tafeln einen Beinamen liefert, keine Kulthöhle aufgewiesen werden. Zu den Höhlen, die auf Kreta mit einem göttlichen Kind verbunden waren — ursprünglich nicht mit Zeus, sondern mit jenem Gott, der als Dio-nysos sein Sohn werden sollte — gehörte die Idäische Höhle. Nach Kallimachos wurde indessen Zeus, auch dem Anspruch der Kreter entsprechend, nicht in der Höhle geboren, sondern „in den Idäischen Bergen" [4]). Es war aber sicher nicht erst der hellenistische Dichter, der die Schilderung der Geburt unter freiem Himmel dorthin übertrug. Diese Schilderung ist als Erklärung des Namens der *Idaioi Daktyloi* in der mythologischen Literatur erhalten:

„Als der berechnete Zeitpunkt der Geburt ankam und die Wehen einsetzten, stützte sich Rhea in ihrer Qual mit beiden Händen am

---

[1]) Callimachus, *Hymnus in Iovem* 10 ff.
[2]) Vgl. unten S. 31.
[3]) Vgl. Kerényi, *Dionysos* I Kap. 2 (Flammender Jahresanfang).
[4]) Call., l.c. 6.

Berg auf. Der Berg gebar darauf sogleich die Daktylen in gleicher Zahl mit den Fingern der Göttin, die ihr als Geburtshelfer beistanden" [1]).

Dies hätte auch in einer Höhle geschehen können. Doch das ausserordentlich archaische Mythologem [2]) wurde nicht mit dem Hervorbrechen des Lichtes aus der Höhle, sondern mit dem universellen Aufleuchten verbunden: es wurde zu dessen Rahmen und verlieh dem Aufleuchten menschliche Form. Dies geschah kaum nördlicher, als im Herrschaftsbereich der grossen Muttergöttin Rhea, der Kreta mit Kleinasien verband. Die wahrscheinlichste Annahme ist in diesem Fall, dass das höchst archaische Mythologem von der Urfrau und Göttin, die in der Einsamkeit gebiert [3]), auf Kreta jenen Mythos erweiterte, der das Gottesgeschehen des Aufleuchtens mit dem bleibenden Wort und Namen „Zeus" aussprach. Ein Gottesgeschehen, wie dieses, hatte keinen festen Ort: es ereignete sich aber vor allem auf früh beleuchteten Bergspitzen.

Diesem einfachsten Mythos entsprach die kultische Situation auf dem Olympos, dem homerischen Götterberg, soweit eine solche festgestellt werden konnte. Auf der höchsten Spitze wurden keine Spuren einer antiken Kultstätte gefunden, wohl aber auf einem der Vorberge, der sich etwa eine Stunde südlich vom Hauptgipfel erhebt und von diesem, mit seinen 3000 Metern, ungefähr um 100 Meter überragt wird. Da glaubten Archäologen im Sommer 1923 Altarreste zu erkennen und lasen einige hundert Scherben auf, die einen starken Opferdienst in antiker Zeit erweisen [4]). Ein solcher fand also dem Hauptgipfel gegenüber statt, der dem Ereignis des Gottes, nicht dem des Kultes vorbehalten blieb. Felsenthrone, wie sie andere Berge in Griechenland und besonders in Kleinasien aufweisen, zeugen von einem schwerfälligeren Stil der Erwartung des Gottesgeschehens. Der Stil der griechischen Religion setzte für ein göttliches Ereignis nicht immer und überall eine rituelle Form voraus. Wo ein Thron die Gottheit erwartet, ist ein ausgebildeter Ritus für die Epiphanie schon da. Solch ein Ritus ist schwerlich in die Anfangszeit der Zeusreligion zu setzen. Doch eine frühe Begegnung von dieser mit der Religion

---

[1]) Schoell-Studemund, *Anecdota varia Graeca* I Berlin 1886, S. 224; Kerényi, *Die Mythologie der Griechen* I, *Die Götter- und Menschheitsgeschichten*, 3. Aufl., Zürich 1964, S. 84 (dtv. 392 S. 68).

[2]) Kerényi, *Umgang mit Göttlichem*, S. 75.

[3]) Vgl. Kerényi, *Werke* I, Humanistische Seelenforschung, München 1966, 70 ff.

[4]) Vgl. Helmut Scheffel, „Eine antike Opferstätte auf dem Olymp", *AM* XLVII (1922), S. 129.

eines anderen höchsten Gottes war durchaus möglich: eine Begegnung nicht nur mit dem Lebenskult der Minoer, welcher zur Dionysosreligion in Griechenland wurde und auf Kreta selbst die Kindheits-
mythen des Zeus ergab [1]).

Wir wissen nicht, welche Vorstellung im 9. und 8. Jh., der Zeit
Homers, mit einer rätselhaften Zeile der Odyssee verbunden war, in
einem Kontext, der die Völker Kretas und den König Minos behan-
delt [2]). Für Homer war Minos ein Sohn des Zeus und der Tochter des
Phoinix [3]). Sie heisst in der mythologischen Überlieferung Europa.
Der Umstand, dass Homer ihren Vater, den eponymen Vertreter des
vorderasiatischen Volkes der Phönizier nennt, bedeutet mindestens,
dass der mythische grosse König der Kreter, mit dem nicht-grie-
chischen Namen Minos, für die griechische Überlieferung als Nicht-
Grieche, wenn nicht gar als ein orientalischer König dastand. Die
rätselhafte Zeile spricht von Knossos, wo Minos herrschte [4]):

ἐννέωρος βασίλευε Διὸς μεγάλου ὀαριστής.

Mehrdeutig ist *enneoros*. Wurde der neunjährige Minos Herrscher?
Herrschte er neun Jahre — oder neun sonstige Perioden — lang?
Oder gehört das Wort zum Rätselhaftesten in der Zeile: zu *oaristes*?
Oaristes setzt Partnerschaft voraus: in diesem Fall nicht wie sonst eine
erotische, da Minos der Sohn des Gottes war, sondern eine geistige,
und damit auch einen geistigen Inhalt von „Zeus" voraussetzende
Beziehung. Platon verstand es so [5]), dass Minos in jedem neunten
Jahr das Zusammensein mit Zeus pflegte und daraus seine weise
Herrschaft und gesetzgeberische Tätigkeit schöpfte. Was uns als
Angabe fehlt, ist der *Ort* des Zusammenseins. Geschah es auf einem
Berg, in einer Höhle oder in einem Bauwerk? Nach dem kleinen
Dialog „Minos" war der Ort eine Zeus-Höhle [6]). Die Frage ist nicht
sicher zu entscheiden. Es scheint die Kunde bestanden zu haben, dass
der minoische König sich in einen Ort begeben konnte, wo er mit
„Zeus" zusammen war. Ob nur Minos, als mythische Ausnahme,
oder nicht nur er, sondern er nur als mythisches Vorbild der Könige
von Knossos: dies muss gleichfalls unentschieden bleiben. Die Vorstellung von einem Ort, wo man ausserhalb der Zeit, über dem

---

[1]) Vgl. meinen *Dionysos*, I Kap. 2 (Flammender Jahresanfang und Mythologie
des Ledersacks) und meine *Mythologie*, S. 92 ff. (dtv 392, S. 75 ff.).
[2]) *Od.* 19.172-79.
[3]) *Ilias* 14.321.
[4]) *Od.* 19.179.
[5]) *Leges* I 624a.
[6]) Plato (?), *Minos* 319e.

menschlichen Leben und dem Tode sich befand, gehörte zur Religion der Frühzeit am Mittelmeer. Es gibt im Leben nicht nur die Erfahrung des Aufleuchtens, innen und aussen, sondern auch die von Tiefpunkten und Höhepunkten des Daseins. Kulminationen des Lebens lassen die Seinsform ahnen, welche der Himmel in regelmässigen Abständen, an den scheinbaren Wendepunkten der Sonne zeigt, wo die Zeit überhaupt stehen zu bleiben scheint. So ist das Sein der Götter in der Mythologie. Der Mensch liest es vom Himmel ab [1]) und verbindet es mit der Erfahrung von Licht und Süsse unreflektiert, in völliger Spontaneität. Die Erfahrung von solchem über Leben und Tod stehendem Sein leitete sich von der Erfahrung der augenblicklichen Zeitlosigkeit ab, wenn diese sich einstellte: sie war die spontane positive Deutung des Aufhörens der Zeiterfahrung.

Die Erfahrung der Zeitlosigkeit wird in den antiken Überlieferungen festgehalten. Aristoteles exemplifiziert das Faktum der Zeitlosigkeit mit dem — nach ihm schon mythischen — Fall derjenigen, die in Sardinien bei den Heroen schliefen [2]). Diese nahmen für eine kurze Zeit am Zustand der ewig unversehrt schlafenden sardischen Heroen teil und fielen aus der Zeit, wie diese aus der Zeit herausgefallen waren [3]). Das klassische Beispiel war indessen der Mythos des Kreters Epimenides, der als historische Person, Priester und Weiser, in das siebente Jahrhundert gesetzt wurde. Der junge Epimenides — so hiess es in der ältesten erreichbaren Fassung seiner Geschichte [4]) — war, auf der Suche nach den Schafen seines Vaters, in der Mittagsstunde vom Wege abgewichen und legte sich, müde von der Hitze, in einer Höhle zur Ruhe. Da schlief er ein. Die Mittagsstunde ist in dieser Erzählung nicht weniger wichtig, als der Ort: eine kretische Höhle.

Es ist der Zeitpunkt des Mittags, in dem die Schatten der Dinge aufhören, durch Länge und Richtung zum Zeitmesser zu dienen. Die Schatten ziehen sich zurück. Die Kulmination der Sonne erweckt den Schein, als hörte die Zeit auf. Der eigentliche Zeitmesser, die Sonne steht auf ihrem Höhepunkt und sie scheint wirklich zu „stehen". Epimenides wachte nach 57 Jahren auf und suchte die Schafe seines Vaters weiter. Er merkte nicht, wie lange er geschlafen hatte. Es war das dreifache des neunzehn Jahre umfassenden Metonischen Zyklus,

---

[1]) Vgl. „Das Mythologem vom zeitlosen Sein" in meiner *Niobe*, Zürich 1949, S. 195.
[2]) *Physica* IV, 218 b 21.
[3]) *Niobe*, S. 206.
[4]) Bei Theopompos von Chios, *FgrH* Nr. 115 F 67 Jacoby.

der grössten Zeiteinheit der Griechen. Siebenundfünfzig Jahre sind *die* Zeit, dreifach gesteigert. Epimenides wurde im Ganzen 157 Jahre alt. Er verlor also aus seinem Leben, das für einen Menschen nach antiker Auffassung auf hundert Jahre bemessen ist, durch die Einschaltung der Zeitlosigkeit, die die 57 Jahre symbolisierten, nichts.

Eine Geburtshöhle des Zeus auf Kreta, durch das Aufleuchten des Feuers charakterisiert, doch geographisch nicht näher bestimmt, wurde im gleichen Sinne als Ort über Leben und Tod ausgezeichnet: niemand durfte in ihr sterben [1]). Man durfte diesen Ort auch nicht betreten. Er war ein Ort der Unsterblichkeit schlechthin, für sich. Der Honig der heiligen Bienen, die da Zeus einährt hatten und den Ort immer noch besetzten, füllte die Höhle. Überfloss ihr Honig, so brach das Licht eines grossen Feuers aus der Höhle hervor. Durch die Unsterblichkeit, die in der Höhle ihren Ort hat, wird die Zeitlosigkeit impliziert. Das Hervorbrechen des Feuerglanzes jährlich einmal hatte seine kalendarische und rituelle Erklärung [2]). In einem anderen Fall erscheint Zeitlosigkeit und „stehendes Licht (*statherón phos*)" [3]) — wie das Sonnenlicht auf dem Mittagspunkt — auf einem Zeusberg, ja Berg der Zeusgeburt, nicht auf Kreta, sondern inmitten der Peloponnes. Es ist ein Phänomen in der griechischen Religionsgeschichte, das uns die Frage stellt: wie verhält sich die Zeitlosigkeit, die im „stehenden Licht" impliziert wird, zu „Zeus", dem Aufleuchtenden und dessen Mythologie?

Der arkadische Berg Lykaion, 1420 m hoch, war mit einem Lichtmythos verbunden, der ihn zu einem zeitlosen Ort über Leben und Tod, einem aus dem irdischen Dasein herausgehobenen Jenseits machte. Lykaios hiess auch Zeus, der da seinen Altar und seinen nicht zu betretenden heiligen Bezirk besass. Das *Lykaion oros* hat zwei Gipfel, Pausanias lobt die umfassende Sicht vom niedrigeren [4]). Auf diesem fand sich der Altar des Zeus, von dem ein Aschenhügel mit Knochen der Opfertiere übrigblieb. Etwas tiefer darunter lag der heilige Bezirk, unter freiem Himmel, wie der Brandaltar. Auf dieser Terrasse stellte sich Kallimachos das Gebüsch vor, in dem Rhea Zeus gebar [5]). Die Verknüpfung der Stelle mit zeitlosem, stehendem Licht,

---

[1]) Antoninus Liberalis, *Metamorphoseon synagoge* 19.
[2]) Vgl. Kerényi, „Licht, Wein, Honig", *Kretika Chronika* 15, 1963, 201 ff.
[3]) Der Ausdruck bei Plutarch, *De facie in orbe lunae* 934e; ähnlich vom Mittag Plato, *Phaedrus* 242a.
[4]) Paus. VIII.38.7; Vgl. K. Kourouniotis „Ἀνασκαφαὶ Λυκαίου", *Ephemeris archaiologike*, Ser. 3, 1904, 153 ff.
[5]) Vgl. oben S. 26.

ging sicher in den altmediterranen und minoischen Bereich der
Göttin zurück und fand ihren Ausdruck im Namen des Berges.
Lykaion stammt von *lyke*, einem frühgriechischen Wort für Licht
regelrecht ab [1]), weist aber zugleich durch eine charakteristische Ver-
knüpfung des Lichthöhepunktes mit äusserster Dunkelheit — eine
Verknüpfung, die gleichfalls frühgriechisch genannt werden darf [2]) —
auf *lykos*, den Wolf, das nächtliche Tier[3]), dessen indogermanischer
Name und Etymologie mit Licht nichts zu tun haben.

Der Mythos des Ortes spricht von einem Zustand in solchem Licht.
Mensch und Tier, was immer den verbotenen Bezirk betrat, so hiess
es, verlor seinen Schatten. Kein Jäger verfolgte das Wild dorthinein.
Er sah ihm, wenn es den Boden des heiligen Ortes betrat, nur von
aussen nach. So schildert es Pausanias [4]). Es sei dieselbe Erscheinung,
fügt er hinzu, wie diejenige im äthiopischen Syene, wenn die Sonne
im Krebs steht. Nur ist es auf dem Lykaion immer so. Dies wurde
fest behauptet, es fand aber bei kritischeren Geistern keinen
Glauben [5]).

Wer einmal die Grenze des heiligen Bezirkes übertrat, so hiess es
weiter, dürfte nicht weiter leben, höchstens noch ein einziges Jahr [6]).
Er war dem Jenseits von Leben und Tod anheimgefallen. Ein weiterer
Ausdruck für diesen Zustand war die Umnennung des Übertreters:
er galt nunmehr als Hirsch [7]) — ein verfolgtes Tier — oder, wenn er
vom Fleisch des ausserordentlichen Opfers ass, das da dargebracht
wurde, verwandelte er sich angeblich in einen Wolf. Der Glaube an
Werwölfe bei den Griechen hing gleichfalls mit dem Bezirk des Zeus
am Lykaion zusammen [8]).

Pausanias will das Opfer, das da „im Geheimen" dargebracht
wurde, nicht nennen [9]). Es ist aber ungenau, wenn es in der neueren
Literatur nur „Menschenopfer" genannt wird [10]). Pausanias erzählt

---

[1]) Cook *Zeus* I, S. 64, mit Berufung auf Macrobius, *Saturnalia* I 17, 37 ff. und
amphilyke, *Ilias* 7.433.

[2]) Vgl. das gleiche Phänomen in der Apollonreligion, „Unsterblichkeit und
Apollonreligion", in meinem *Apollon*, 3. Ausg. Düsseldorf 1953, S. 46.

[3]) *Apollon* S. 44.

[4]) VIII.38.6.

[5]) Vgl. Polybius XVI 12,7, Plutarch, *Aetia Graeca* XXXIX 300 c.

[6]) Paus. VIII.38.6.

[7]) Plut., l.c., 300 c-d.

[8]) Plato, *Rep.* 565 d und die Stellen bei Walter Immerwahr, *Die Kulte und
Mythen Arkadiens*, Leipzig 1891, S. 10 ff.; Cook, a.O., 70 ff.

[9]) Paus. VIII. 38.7.

[10]) Vgl. meine *Werke* I, S. 109.

wenigstens den Gründungsmythos des Opfers [1]). Danach war es Lykaon, der Urkönig der Arkader — dem Namen nach ein „Lichtmensch" — der als erster einen Säugling dem Zeus Lykaios opferte. Solch ein Opfer war nicht griechisch und wurde nie griechisch, obwohl es am Lykaion, wenn wir Pausanias recht verstehen, noch zu seiner Zeit dargebracht wurde. Griechen und Römer erklärten sich diesen Greuel ähnlich, wie den Frevel des Tantalos und übersahen die Sinnlosigkeit der Wiederholung einer Untat, die schon ursprünglich frevelhaft war. Sie wäre nur Sünde gegen den höchsten Gott gewesen. Der kleine Dialog „Minos" unter den platonischen Schriften führt als einzige Parallele das Kinderopfer der Karthager an [2]), ein bekannter Brauch der Phönizier, wie es scheint hauptsächlich in ihren Kolonien. Die semitische Bezeichnung dieses Opfers war *molek* [3]). Nicht ein Gott hiess so — der „Moloch" — wie es lange geglaubt wurde! Den semitischen Gott, der solcher Art Opfer erhielt, setzten die Griechen mit ihrem Kronos gleich. Im Dialog „Minos" ist zu lesen, dass einige der Karthager ihre eigenen Söhne dem Kronos opferten.

Der Mythos vom zeitlosen Licht, das dem Menschen bedrohlich werden und in seiner Bedrohlichkeit sich in Dunkelheit verwandeln konnte und völlige Hingabe — das Opfer eines Menschenlebens — forderte, war der Mythos von einer überwältigenden göttlichen Gegenwart. „Göttlich" ist in diesem Fall nicht bloss das Attribut der überwältigenden Gegenwart, eine Eigenschaft unter anderen, die daran hafteten. Die überwältigende Gegenwart *war* die Gottheit und brauchte keine persönlichen Züge zu tragen. Die Ausführung des Mythos, das Mythologem, fügt erst solche Züge hinzu. Dem Mythos lag religiöse Erfahrung und lag die menschliche Natur zu Grunde, die solche Erfahrung machen konnte. Es ist nicht von vornherein zu behaupten, dass diese Erfahrung nur einem einzigen Volk oder Stamm eigen war. Den Griechen, den Trägern ihres ursprünglichen Zeus-Mythos war sie etwas Fremdes, das sie sich aneignen mussten. Das Mythologem vom Vater Kronos, der seine Söhne verschlang, stellt

---

[1]) Paus. VIII. 2.3; was er darüber erfuhr, war ihm bitter (οὐ ἡδὺ ἦν). Friedrich Schwenn, „Die Menschenopfer bei den Griechen und Römern" *RgVV* XV (1915), S. 20 nimmt an, dass Priester und Opfer zur Familie der Anthiden gehörten, nicht grundlos, vgl. Plinius, *Nat. hist.* VIII 22, 81.

[2]) 315 c.

[3]) Vgl. Otto Eissfeldt, „Molk als Opferbegriff im Punischen und Hebräischen und das Ende des Gottes Moloch", *Beiträge zur Rel.Gesch. des Altertums* 3, Halle/Saale 1935.

einen Zusatz zum Zeusmythos dar. Es blieb eine mythologische Erzählung ohne religiöse Substanz, und ohne rituelle Konsequenzen, es sei denn, es rechtfertigte das Kinderopfer an den höchsten Gott. Eine Distanz von der Ära des Zeus weisen alle Kronosmythen auf. Darin liegt die Antwort auf die unvermeidliche Frage: woher Zeus zur Mutter Rhea einen Vater erhielt, vor dem die schwangere Göttin sich flüchten musste, um ihr Kind zu retten?

Der vorgriechische Gott, mit dem nicht sicher zu deutenden Namen Kronos [1]), war der El der Westsemiten [2]) und erhielt von ihnen das Opfer von Menschenkindern als Primitialopfer, wie es ihm von allen, was geboren wurde oder wuchs, dargebracht wurde. Das war der Sinn der Darbringung sogar von menschlichem Nachwuchs, namentlich auf kolonisierten Gebieten. Auf diese Weise wurde für das neue Land dem Gott gezahlt: wahrscheinlich mit den Erstgeborenen aus den besten Erobererfamilien. Davon zeugen die *tofet*, die Begräbnisstätten der geopferten Säuglinge [3]). Sie ergeben den gelegentlichen Sinn. Der Ursinn liegt in der Korrelation zwischen den Trägern solch einer Religion und solch einem Gott, wie die Westsemiten und ihr El waren: eine höchst intensive Korrelation auch in jener Form, in der sie noch nicht durchgeistigt war, wie bei den Israeliten.

Von einer Kolonisation von Phöniziern am Lykaion wissen wir nicht. Von der Stadt Lykosoura am Lykaion gab es nur diese Tradition bei den Arkadern, dass sie die älteste Stadt der Welt sei [4]). Auf dem Berg bestand der geheime Opferritus, der bei den Israeliten noch im 8. und 7. Jh. v. Chr. aus der Vorzeit wieder auftauchte [5]). Sie hatten sich davon durch eine geistigere Hingabe des ganzen Volkes befreit: Israel selbst galt als ,,Anfang seiner (Gottes) Ernte'' [6]). In der Zeusreligion blieb die Forderung der völligen Hingabe in der rohesten Form, des menschlichen Erstlingsopfers, auf dem Lykaion erhalten, eingeschränkt und isoliert, wie auf einer aus früheren Zeiten emporragenden Insel. Die Arkader nannten diesen Berg ihren Olympos [7]). Der

---

[1]) Vgl. Wolfgang Fauth, ,,Kronos'', *Der kleine Pauly* III, S. 359.
[2]) Vgl. W. Fauth, ,,El'', a.O., II, S. 226 ff.
[3]) Vgl. Sabatino Moscati ,,Il sacrificio dei fanciulli'', *Rendiconti* XXXVIII (1965-66), Pontif. Acc. Romana 1967, S. 61-68, mit weiterer Literatur. Den Sinn des Opfers, den ich angebe, sah man nicht.
[4]) Paus. VIII. 38.1; Victor Bérard, *De l'origine des cultes Arcadiens*, École Française d'Athènes et de Rome 1894, ist unergiebig.
[5]) Eissfeldt, a.O., S. 46 ff.
[6]) Jeremia 2,3; vgl. Martin Buber, *Israel und Palästina*, Zürich 1950, S. 15 ff.
[7]) Paus. VIII. 38.2.

andere, der makedonische Olympos kennzeichnete die griechische
Religion vom Anfang an — und erst recht, nachdem er zum Sitz einer
ganzen Götterfamilie wurde: zur Familie, die sich um Zeus, den Vater
gebildet hatte.

KAPITEL III

DIE ENTSTEHUNG DER OLYMPISCHEN GÖTTERFAMILIE

Die schlichte Gotteserfahrung, die im Namen Zeus enthalten ist, fordert vom Historiker keine weitere Analyse und lässt an sich keine Entwicklung zu. Sie fand in der Prähistorie der Griechen statt und es ist nicht einmal wichtig, den genauen Zeitpunkt und den Stamm der Griechen zu nennen, in dem und bei dem sie stattfand. Nach der Auffassung, die in diesem Buch als die wahrscheinlichste Annahme vertreten wird, muss es bei den ersten Einwanderern geschehen sein, in der Anfangsphase der Zeit, die mit der griechischen Vorgeschichte, Frühgeschichte und Geschichte, auf dem bekannten Schauplatz der griechischen Geschichte, gefüllt wurde. Eine Geschichte besass Zeus nur sofern, als die Griechen sie besassen. Er hatte keine Privatgeschichte. Mit ihm konnte nur geschehen, was sich in der Korrelation „Zeus und die Griechen" ereignete. Zu bedenken ist dabei die Länge der Zeit zwischen dem Anfang und Homer: eine hinreichende Zeit für viele Ereignisse.

Genau kann die Länge nicht angegeben werden. Die späteste Zeit für die vor-dorische Einwanderung von Griechenstämmen, den ersten für die griechische Religion und Kultur entscheidenden, ist der Anfang der sog. Späthelladischen Periode (cca. 1580 v. Chr.) [1]). Im 9.-8. Jh. lebte Homer. Vor Homer, im 2. Jahrtausend und im 1. Jahrhundert des 1. Jahrtausends, entstand nicht nur das komplexe Gebilde der griechischen Religion, die vornehmlich, aber nicht ausschliesslich Zeusreligion war: es trat auch der griechische Mythos, die Aussage dieser Religion in der Erzählung von Göttermythen, in der Mythologie, zum Vorschein. Die Korrelation zwischen Menschen und Göttern ist nie ohne Gedanken der Verehrer über die Verehrten: spontane

---

[1]) So Leonard R. Palmer, *Mycenaeans and Minoans*, London 1961, S. 25. Ob die Zeit vom Anfang der Mittelhelladischen Periode, 2000 v. Chr., die früheste mögliche Zeit für die Einwanderung der Griechen, schon ihnen zuzuweisen ist, oder anderen, ist problematisch. Die grösste Zahl der Gelehrten ist für die frühe Einwanderungszeit, vgl. Fritz Schachermeyr „Zum Problem der griechischen Einwanderung", *Atti e memorie del 1. Cong. Int. di Micenologia*, Rom 1968, 1, S. 305 ff. Es ist hingegen falsch (und daher unbeweisbar), alle Riten am Lykaion auf Regenmacherei zurückzuführen, bei Giulia Piccaluga, *Lykaon* (Rom 1968), S.87.

Gedanken, bevor sie zu Tradition werden. Doch selbst wenn die Mythen, die Aussagen jener Gedanken, bereits zur Tradition geworden sind und eine traditionelle Mythologie schon besteht, ist diese nicht notwendigerweise eine systematische Lehre von den nebeneinander verehrten Gottheiten. Sie ist keine „Theologie" im Sinne, der diesem Worte heute gegeben wird. Sofern aber *theo-logia* im ursprünglichen Sinne dieser Zusammensetzung „Gott-sagen" ist, enthält die homerische Mythologie gewiss eine „homerische Theologie" und stellt sie dar.

Bei Homer sind die Götter in kein System untergebracht. Sie erscheinen indessen als Mitglieder einer Familie, deren Oberhaupt Zeus und deren Sitz der Olymp ist. Eine Art System darf auch darin erblickt werden, aber kein begriffliches System, sondern eine Ordnung, die der bekannten Menschengestalt der Götter entspricht. Die Menschengestalt bezeugt jene Korrelation zwischen Mensch und Gott an sich schon, ohne die kein Gott historisch da wäre. Eine Korrelation wurde indessen auch zwischen Zeus und den übrigen Göttern angenommen, in der Form einer Ordnung, die auf Erden zwischen vernünftigen Lebewesen auf eine natürliche Weise, von sich selbst, zustandekommt.

Die anthropomorphe Gruppierung der Gottheiten einer polytheistischen Religion erschien auch den Forschern so natürlich, dass sie sich darüber keine besonderen Gedanken machten. Man musste aber schliesslich doch merken, dass es in den gesamten Religionen der Erde nichts gibt, was dem griechischen Gebilde wirklich gleich wäre [1]. Damit wurde jedoch zuerst nur jener Aspekt in den Vordergrund gestellt, der einen *Staat* der Götter auf dem Olymp, mit Zeus als dem Herrscher zeigte. Der andere Aspekt, der einen vom Staat unabhängigen oder ihm zugrunde liegenden menschlichen Bezug enthält; der Umstand, dass hier die Familie und ihre Wurzeln, sowohl die biologischen als auch die sozialen Wurzeln, die naturhafte und menschliche Grundlage, als Grundriss und Ursprung einer Mythologie auf den Plan treten: dies wurde noch nicht gebührend beachtet [2].

Immerhin wurde mit der Beachtung des staatlichen Aspektes der olympischen Götterfamilie schon ein wichtiger Gesichtspunkt in die

---

[1] M. P. Nilsson, *The Mycenaean Origin of Greek Mythology*, Cambridge 1932, S. 221.

[2] Zum ersten Mal geschah es in der ersten Fassung dieses Kapitels, „Die Entstehung der olympischen Götterfamilie", *Paideuma* IV (1950), S. 127-138.

Beschäftigung mit der griechischen Religion eingeführt. Der Sachverhalt, dass die Familie der Götter auf dem Olymp unter der Oberhoheit des Vaters Zeus zugleich einen Götterstaat bildet, fordert eine andere Beurteilung als ähnliche Gruppierungen der Götter im alten Ägypten oder in Babylonien. Es gab in verschiedenen Städten am Nil und in Mesopotamien mythologische Erzählungen, alte, echte Mythologeme über die Entstehung der Welt und der Götter. Sie waren das Ergebnis von Bestrebungen nach kosmologischer und theologischer Systembildung. Solche Bestrebungen wurden durch die politische Entwickelung gefördert, vielleicht auch hervorgerufen, sobald die betreffende Stadt zum Mittelpunkt eines grösseren Staates geworden ist.

Doch es darf keineswegs angenommen werden, dass das Göttersystem, das unter solchen historischen Bedingungen zustande kam, bloss das Abbild des politischen Systems des betreffenden Staates auf der Erde war. Beispiele aus Ostasien und aus dem Bereich lebendiger Mythologien lehren, dass der irdische Staat, unter archaischen Verhältnissen, auch seinerseits bestrebt sein kann, ein Abbild mythologischer Ordnungen zu werden, die nicht als die Früchte politischen Denkens entstanden waren. Engste Beziehungen zwischen staatlicher Ordnung und Göttersystem sind jedenfalls die Regel. Solche Entsprechung, ja auch das Streben danach, fehlt im historischen Griechenland, fehlt schon bei Homer.

Eine Götterversammlung auf dem Olymp, wie die am Anfang des 20. Gesanges der Ilias dargestellte, an der ausser Okeanos alle Götter teilnehmen, auch die Flussgötter und die Nymphen der Wälder, Wiesen und Quellen, eine unübersichtliche Schar, darf mit der grossen Heeresversammlung verglichen werden, die im 2. Gesang geschildert wird. Zeus lässt die Götter durch Themis zusammenrufen, die die gleiche Funktion auch bei den menschlichen Zusammenkünften [1]) und den naturhaften Vereinigungen [2]) ausübt. Mit ihrem Namen wird dieselbe rechtliche Konzeption für die Götterversammlung genannt, welche die Grundlage der irdischen Gemeinschaften bildet. Die Gesetzlichkeit, die der Name der Göttin ausdrückt, und die in der archaischen griechischen Welt noch lebendig war, war älter als Zeus. Zeus eignete sie sich an: die mythologische Ausdrucksweise dafür war seine Ehe mit der Göttin Themis [3]). Zeus ist nur die zweite

---

[1]) *Od.* 2.69.

[2]) Vgl. mein „Aidos und Themis", in *Pro regno pro sanctuario*, Festschrift für Gerardus Van der Leeuw, Nijkerk 1950, S. 278.

[3]) Hesiod, *Theogonie* 901; Pindar, *fr.* 10 Bowra.

Rechtsquelle, die mit seiner Herrschaft sich geltend machte, doch das alte Recht und dessen Quelle, die ältere grosse Göttin nicht verdrängte. Die Entsprechung zwischen der Herrschaft auf dem Olymp und auf der Erde war, soweit sie die *themis* betraf, da.

Die Redner, die Homer bei den Versammlungen auftreten lässt, wahren „von Zeus her" die Regeln, die mit ihrem alten Namen *themistes* heissen [1]). Sie halten, wenn sie „von Zeus her" sprechen, einen besonderen, langen Stab, das Skeptron, in der Hand. Ein solcher Stab war auch das Symbol dessen, dass Agamemnon von Zeus her eine höhere Stellung über den Königen innehatte und die Macht eines Grosskönigs besass. Eben dies ging aber schon darüber hinaus, was wir über Recht und Gesetz im historischen Griechenland wissen. Es war ein in der Familie der Atriden vererbtes Zepter, ein Kunstwerk, das Zeus vom Meister Hephaistos entgegennahm und durch Hermes dem Vater des Atreus sandte. Diese Verleihung der Macht durch den Götterkönig selbst an einen irdischen König gehört zu einem älteren, vorgeschichtlichen Zustand in Griechenland. Da die Atriden nach der griechischen Sage in Mykene herrschten und die archäologischen Funde dort tatsächlich eine grosse, zentrale Macht mit einem besonderen, älteren Stil der Kultur bezeugen, ist die Folgerung nicht zurückzuweisen, dass das mykenische Königtum das Vorbild des olympischen Götterstaates war.

Diese Folgerung konnte leicht gezogen und unterbaut werden [2]). Ich brauche nicht alle Argumente dafür zu wiederholen. Es darf indessen aus der historischen Situation der homerischen Mythologie, die doch eine andere ist, als die der ägyptischen und mesopotamischen Göttersysteme, eine weitere Folgerung gezogen werden. Die olympische Götterfamilie stellt kein System der griechischen Mythologie dar. Sie ist aber eine Art Systematisierung, die, samt der „homerischen Theologie", Homers Auffassung von den Göttern, die literarische Überlieferung und die künstlerische Gestaltung der lebendigen Mythologie für die ganze Folgezeit entscheidend beeinflusste. Der staatliche Aspekt dieser für die gesamte griechische Religionsgeschichte gültigen Göttervereinigung ist das Bild eines olympischen Götterkönigtums. Dieses Bild steht nicht in der gleichen engen Beziehung zum Leben der historischen Griechenstaaten, wie es in anderen Kulturen mit ebenso stark mythologischer Religion gewöhnlich der Fall ist.

---

[1]) *Ilias* 1.238/9.
[2]) In dem S. 38, Anm. 2 genannten Werk.

Auf dem Olymp herrscht die Monarchie, während man auf Erden in Republiken lebt [1]). Die olympische Götterfamilie und gewissermassen die ganze allgemeingültig gewordene griechische Mythologie hängt durch diesen staatlichen Aspekt gleichsam in der Luft. Oder richtiger: sie wurzelt nicht im wirklichen Leben, sondern im idealisierten Leben kriegerischer Männer der Vorzeit. Die Idealisierung wird durch die Heldensage bewirkt. Diese ist eine typische Erscheinung der Kulturgeschichte nicht nur bei den Griechen. Sie bildet in Griechenland vor allem den Gegenstand der homerischen Dichtung. Wie menschlich auch diese Idealisierung bei Homer geraten ist, führte die einseitige Männlichkeit des Lebens im Kriege, das da geschildert wird, in eine Richtung, die für die Sage und das Epos charakteristisch ist, viel weniger indessen für die Mythologie.

Die Unterscheidung zwischen Sage, einer uneigentlichen Mythologie — der Heroenmythologie — und der „eigentlichen Mythologie", der Göttermythologie, ist notwendig, wenn wir den mykenischen Ursprung der griechischen Mythologie genauer fassen wollen. Die Helden der Sage sind Krieger, vor allem sind es die Könige der Krieger. Die Zeit, die durch die Heroenmythologie dargestellt wird, ist eine nach männlichen Idealen stilisierte historische Zeit. Die Helden der eigentlichen Mythologie sind Götter und göttliche Wesen der Urzeit. Die Zeit dieser Mythologie ist, in echten, primären mythologischen Erzählungen, jene Urzeit, in der alles seinen Ursprung nahm. Die griechische Heldensage und ihre höchste dichterische Darstellung in den Epen Homers, spiegelt weitgehend die Zeit der mykenischen Kultur in der bekannten homerischen Stilisierung. Echte mythologische Erzählungen aus der Urzeit enthält die Ilias im 14. Gesang: in den Worten der Hera, die die Trennung von Okeanos und Tethys schildern und in denen des Dichters, die an die ersten Liebesvereinigungen von Zeus und Hera bei ihren Eltern erinnern [2]). Wo Götter allein auftreten, wie in dieser Erzählung von der Täuschung des Zeus, da taucht die Urzeit auf.

Die Entstehung der olympischen Götterfamilie, ein wahrer historischer Vorgang, war kein Thema für eine mythologische Erzählung, die sich in der Urzeit abgespielt haben soll. Wir begegnen dem fertigen göttlichen Familienbild bei Homer, und wenn er nicht selbst dessen Schöpfer war — was nicht völlig klarzustellen ist — so entstand es doch in der Heldensage. Daher der mykenische Ursprung seines

---

[1]) Nilsson, *Geschichte der griechischen Religion* I, 3. Ausg. 1967, S. 351.
[2]) *Ilias* 14.305/6 und 295/6.

staatlichen Aspektes und seine Distanz sowohl von einer mythologischen „Urzeit" als auch vom Leben im historischen Griechenland.
Mit seinem anderen Aspekt, — nämlich, dass die olympische Familie
der Götter eine *Familie* ist —, verhält es sich etwas anders. Wir müssen
uns mit diesem Aspekt befassen, um die Entstehung und die historische Möglichkeit einer Götterdynastie in der griechischen Religion
überhaupt zu verstehen. Wir sahen schon, wie Homer bemüht war,
eine Versammlung aller Götter durch das Auftreten der Göttin
Themis annehmbar zu machen. Wie ist jenes Gebilde, Staat und
Familie in einem, von dem gesagt werden darf, es sei die Zusammenfassung und der Grundriss der ganzen griechischen Mythologie und
im griechischen Leben verwurzelt?

Das griechische Wort für „König", *basileus* besass eine lange
Vorgeschichte, ehe es Homer erreichte. Er teilt diesen Titel sehr
grosszügig aus: in Ithaka allein gab es Viele, Alte und Junge, die so
angesprochen wurden [1]). Ebenso verhielt es sich schon in Knossos
und Pylos, in der mykenischen Zeit, nach dem Zeugnis der Tafeln,
auf denen das Wort *pa-si-re-u* und seine Ableitungen erscheinen [2]).
Nach dem griechischen Sprachgebrauch betrachtet, war *basileus/
g*u*asileus* selbst eine Ableitung [3]). Das Urwort aus derselben Wurzel
lautete im Griechischen *basile*, ein alter Königinnentitel und Name
einer Göttin [4]). Nach diesem sprachlichen Befund wäre die Quelle
des Ranges, den diese „Könige" trugen, eine „Königin" und die
Rechtsordnung, in der ursprünglich beide Titel galten, eine andere,
als die griechische: Die „Königin" stand in ihr höher als ein „König".
Der Titel *basileus*, den bei Homer weder Zeus, noch ein anderer Gott
trägt, führt wie ein Leitfossil in eine noch ältere Zeit zurück, als in die
des mykenischen Königtums. Wenn es tatsächlich so ist, dass die
Herrschaft des Zeus über allen anderen Göttern die Stellung des
mykenischen Grosskönigs spiegelt, so galt schon in Mykene die vaterrechtliche und nicht mehr eine mutterrechtliche Ordnung.

Im 15. Gesang der Ilias, wo besonders begründet wird, warum
Poseidon Zeus, dem älteren Bruder nachgeben musste, ruft der
jüngere: Zeus soll nur den eigenen Töchtern und Söhnen Befehle
erteilen, und fügt sich erst, nachdem Iris ihn daran erinnert hat, dass

---

[1]) *Od.* 1.394/5.   [2]) *Docs* S. 404.

[3]) Ernst Bosshardt, *Die Nomina auf -EYS*, Diss. Zürich 1942, S. 8; vgl. Alfred
Heubeck, Griechisch βασιλεύς und das Zeichen Nr. 16 in Linear B, *Indog. For-
schungen* LXIII (1958), 114 ff., bes. S. 135, wo der Verf. der richtigen Ableitung
ganz nahe kommt.

[4]) Soph. *fr.* 310 Pearson; Plato, *Charmides* 153 a.

die Erinyen immer mit dem Älteren sind [1]). Die Erinyen waren ursprünglich die Vertreter und Rächer der Mutter: sie schützten die mutterrechtliche Ordnung. Jetzt tun sie das auch mit der vaterrechtlichen. Auf das Recht des Vaters, die *patria potestas* wies jenes Wort hin, Zeus soll nur den eigenen Kindern befehlen. Und wo der Vater die Rechts- und Machtquelle ist, wird der älteste Sohn bevorzugt. Die Herrschaft des Zeus beruht darauf, dass er der älteste Sohn des Kronos ist, seine Macht über die meisten übrigen Götter darauf, dass er ihr Vater ist. Homer nennt Zeus „Vater der Menschen und der Götter" [2]). Man darf wohl fragen: Warum auch der Menschen? Darin liegt sicher eine Art der Verallgemeinerung, die Verallgemeinerung auch seiner zeugenden Vaterschaft, einer Eigenheit, auf die wir noch zurückkommen müssen. Das Epos der Römer, die diese Eigenheit bei Juppiter nicht gelten liessen, obwohl sie ihn immer mit dem Zusatz „Vater" im Namen selbst anriefen, setzte dafür genauer ein: *divom pater atque hominum rex*, „Vater der Götter und der Menschen König" [3]).

Die wahrscheinlichste Annahme ist, dass in der mykenischen Kultur eine gegenseitige Wirkung zwischen Königtum und einer Zeusreligion bestand, die mit einer vaterrechtlichen Ordnung ursprünglicher verbunden war, als mit der mutterrechtlichen. Zeus' Königtum bei Homer ist ein historisches Relikt mykenischen Ursprungs. Sein rechtlicher Aspekt beruht aber fest auf der Vaterschaft des Zeus: auf einem Vaterbild, das archetypisch genannt werden darf. Es ist das Bild des Familienvaters bei vaterrechtlichen Völkern, auch bei den Griechen der historischen Zeit. Bei Homer beherrscht dieses Bild des Vaters die olympische Götterfamilie, über die faktische Vaterschaft des Zeus hinaus.

„*Alle* Götter stehen von ihrem Sitz auf *vor ihrem Vater*", heisst es im 1. Gesang der Ilias [4]), obwohl nicht alle seine Kinder sind. Thetis, die Tochter des Meergottes Nereus, hatte ihn vorher als „Vater Zeus" angeredet [5]), eine Bezeichnung, die bei Homer mehr als hundertmal vorkommt [6]). Oft und mit besonderem Nachdruck nennen seine

---

[1]) *Ilias* 15.195-204.
[2]) *Ilias* 1.544 und öfters: πατὴρ ἀνδρῶν τε θεῶν τε.
[3]) Ennius, *Annales* 175; Vergilius, *Aeneis* 1.65; 2. 648; vgl. Enn. *Ann.* 580 *divomque hominumque pater rex*.
[4]) 533/4
[5]) 503.
[6]) G. M. Calhoun, „Zeus the Father in Homer", *Transactions of the Amer. Philol. Assoc.* LXVI (1935), S. 15.

Kinder Zeus in den Götterversammlungen „Vater", wie Hephaistos es tut [1]), oder Pallas Athene mit ihrem „Unser Vater, Sohn des Kronos" [2]). Nach der archaischen Version der Geburt des Hephaistos, die uns Hesiod erhalten hat, hatte der griechische und schon vorgriechische Feuergott Hera zur Mutter, aber keinen Vater [3]). Das ältere Mythologem wurde ausgeschaltet der vaterrechtlichen Ordnung zuliebe, auf der bei Homer der olympische Götterstaat beruht: die Herrschaft eines *Vaters* machte ihn weiterhin *glaubwürdig*.

Es waren nicht die Götter der olympischen Familie, die Zeus zuerst mit „Vater" angesprochen haben: es waren die Menschen, die Verehrer des Zeus, der nach dem Inhalt seines Namens, dem „Aufleuchten", nicht selbstverständlich als Vater galt. Die Annahme, dass der Vater als die stärkste Person einer Familie oder Familiengruppe, zum „Gott" wurde, der für die Griechen Zeus war, wird durch den Sinn des Namens ausgeschlossen. Nicht viel wahrscheinlicher ist die Annahme, die die Anrede „Vater Zeus" aus einer intimen Beziehung zum Wettergott erklären wollte [4]):

> „Er war ein Gott, den jeder einwandernde Grieche mit sich trug und auf dem Berg nahe seinem Wohnort wiederfand, von wo das Gewitter losbrach und Regen kam".

Ein Wettergott also, den man in der Seele trug und von innen heraus in die Natur versetzte. Die Anrede sei wie der Gott, aus der indogermanischen Vorzeit mitgebracht worden.

Mit Wahrscheinlichkeit, ja Gewissheit darf nur dies ausgesprochen werden: die Anrufung „Vater" für das, was Zeus war — das Höchste, was ein Mensch sich in der Korrelation mit ihm vorstellen konnte — konnte nur in einer vaterrechtlichen Familie aufkommen. In einer mutterrechtlichen Familie müsste dieses Höchste „Mutter", oder, wenn als Höchstes dennoch männliche Kraft und Weisheit erkannt worden wäre, „Onkel" heissen. Dies würde der herrschenden Stellung des Oheims in der mutterrechtlichen Familie entsprechen. Darauf, dass die vaterrechtliche Anrufung des Zeus bei den Griechen schon da war, ehe sie sich an ihren historischen Plätzen ansiedelten, kann nicht mit Sicherheit gefolgert werden.

Das Leben in vaterrechtlichen Familien *genügte* dazu, dass bei den Römern der Name *Juppiter*, der im Nominativ (ursprünglich Vokativ)

---

[1]) *Ilias* 1.578, 579.
[2]) *Ilias* 8.31; *Od.* 1.45.
[3]) Vgl. Hesiod, *Theog.* 927.
[4]) M. P. Nilsson, „Vater Zeus", *Opuscula selecta* II, Lund 1952, S. 712.

den „Vater" in sich schliesst, bei den Indern *Dyauh pitar* zustande
kam. Das illyrische *Deipatyros*, das für die Tymphäer, einen Stamm
der illyrischen Molossoi in Epiros bezeugt wird [1]), kann in jener
Gegend nach dem griechischen *Zeu pater* oder parallel mit ihm, in
der Anfangsphase der Zeusreligion entstanden sein. Bei Homer beruft
sich Zeus ebensowenig auf seine *patria potestas*, wie auf sein Königtum. Dass er der Vater ist, ist als die Quelle seiner Macht selbstverständlich, verblasst aber daneben, was Zeus für Homer ist und wie
er sich, in einer in jeder Hinsicht auffallenden Szene am Anfang des
8. Gesanges der Ilias, vorstellt.

Eine Versammlung der Götter auf dem Olymp wird geschildert,
die Zeus einberief. Auffallend ist, wie er spricht und Nachdenken
verdient der Sinn seiner Rede. Der Dichter hielt es für notwendig, die
drastische Sprache einer archaischen Mythologie zu verwenden, ja,
wahrscheinlich aus einem älteren Epos orientalischen Stils, der
„Titanomachie", für seinen Zweck anzueignen: [2])

Hört mein Wort, ihr Götter umher und ihr Göttinnen alle,
Dass ich rede, wie mir das Herz im Busen gebietet.
Keine der Göttinnen erhebe sich, keiner der Götter,
Trachtend, wie dies mein Wort er vereitele, sondern zugleich ihr
Stimmt ihm bei, dass ich eilig Vollendung schaffe dem Werke!
Wen ich jetzt von den Göttern gesonderten Sinnes erkenne,
Dass er geht und Troer begünstiget oder Achaier,
Schmählich geschlagen fürwahr kehrt solcher heim zum Olympos!
Oder ich fass und schwing ihn hinab in des Tartaros Dunkel,
Ferne, wo tief sich öffnet der Abgrund unter der Erde,
Den die eiserne Pforte verschleusst und die eherne Schwelle,
So weit unter dem Hades, wie über der Erd' ist der Himmel!
Dann vernimmt er, wieweit ich doch der stärkste sei aller Götter!
Auf, wohlan, ihr Götter, versuchts, dass ihr all' es erkennet,
Eine goldene Kette befestigend oben am Himmel;
Hängt dann all' ihr Götter euch an und ihr Göttinnen alle:
Dennoch zögt ihr nie vom Himmel herab auf den Boden
Zeus den Meister der Welt, wie sehr ihr rängt in der Arbeit!
Aber sobald auch mir im Ernst es gefiele zu ziehen,
Selbst mit der Erd' euch zög ich empor und selbst mit dem Meere;
Und die Kette darauf um das Felsenhaupt des Olympos
Bänd ich fest, dass schwebend das Weltall hing in der Höhe!
So weit rag ich vor Göttern hervor, so weit vor den Menschen!

---

[1]) Hesychius, *s. v.* Δειπάτυρος . θεὸς παρὰ Τυμφαίοις.
[2]) *Ilias* 8.5-27 in der etwas berichtigten Übersetzung von Johann Friedrich
Voss. Zur „Titanomachie" vgl. meinen *Prometheus, rde* 95, S. 28 ff.

Im letzten Vers lautet es im eigenen Stil Homers ganz schlicht, was er zum Ausdruck bringen wollte, der Sinn der Rede: die ungeheuere Überlegenheit des Zeus über alle göttlichen und nicht-göttlichen Wesen [1]). Um das Ungeheuere, wozu Zeus unter dem Einfluss der Götterkolosse des Orients ausgewachsen ist, anzudeuten, dient ihm die weltumspannende goldene Kette und die rohe körperliche Kraft des höchsten Gottes. Es ist nicht ohne eine andere, milde Überlegenheit, mit der ihm seine Tochter Pallas Athene die unbändige Stärke bestätigt, und mit der Anrede „Unser Vater" zugleich seine *patria potestas* in den Vordergrund stellt [2]). Wenn wir aber nach dem Zweck der betonten Überlegenheit fragen, so ist es nichts anderes als die Bewahrung und Sicherung des ungestörten Ganges der schicksalhaften Ereignisse auf dem Schlachtfeld vor Troia. Für das Geschehen in der Welt schaltet sich Zeus ein, als unbezwingbares höheres Wissen und Gewissen.

Mit absoluter Überlegenheit ragt er bei Homer über jede menschliche Ordnung, sowohl die vaterrechtliche als auch die mutterrechtliche hinaus. Die Seltsamkeit der olympischen Götterfamilie wird dadurch begründet. Wenn dieses erstaunliche Gebilde sich auf einen Grad der Glaubwürdigkeit stützen konnte, so nur darum, weil es archetypisch nicht unbegründet war. Die archetypischen Gegebenheiten, auf die sich sowohl die vaterrechtliche als auch die mutterrechtliche Familie stützte, waren so wirksam, dass sie die historisch entstandene Pluralität der griechischen Götter unter der Oberhoheit des Zeus miteinander und mit ihren Verehrern in Korrelation zu bringen und diese Korrelation — die griechische Religion in ihrer umfassenden menschlichen Form — annehmbar zu machen vermochten.

Die olympische Götterfamilie war wohl eine vaterrechtliche Familie — aber was für eine? In der vaterrechtlichen Ordnung gehört ein Sohn zum Vater, der daraus, dass er der Älteste und daher normalerweise auch der an Stärke und Männlichkeit dem Vater am nächsten Kommende ist, sein Recht zur Weiterführung der Familie schöpft und das weitere Bestehen des „Hauses" — der Dynastie — sichert. Wer nicht den „Sohn" — den „Prinzen" und „Thronfolger" — neben sich hat, ist kein richtiger Hausvater einer patriarchalen Familie. Als dritte Person gehört in diesem Familienbild zum „Vater" die Frau, die ihm diesen Sohn gebiert. Sie scheidet sich aus der Reihe der

---

[1]) τόσσον ἐγὼ περί τ' εἰμὶ θεῶν περί τ' εἰμ' ἀνθρώπων.

[2]) 31-32.

übrigen Frauen des Hauses aus, die dem Herrn vielleicht auch Söhne
geboren hatten, doch nicht den ersten in der Kategorie der „Söhne".
Es ist dies ein charakteristisches Dreieck, durch den „ersten Mann",
die „erste Frau" und den „ersten Sohn" gebildet, wenn es mytholo-
gisch in die Urzeit versetzt wird, oder, aus dem Gesichtspunkte der
entsprechenden Staatsform gesehen: aus dem König, der Königin
und dem Thronfolger bestehend. Dieses für die vaterrechtliche
Ordnung charakteristische Dreieck konnte in der olympischen
Götterfamilie so, wie es im Leben zustandekommt, aus historischen
Gründen nicht durchgeführt werden. Es bestimmt dennoch das
Bild, das bei Homer entworfen wird, wird aber von einem anderen
Dreieck, einem matriarchalen, gleichfalls aus historischen Gründen,
durchkreuzt.

Die Frage wäre berechtigt, ob das Bild, wie es in der olympischen
Familienszene im ersten Gesang der Ilias dargestellt wird, eine
Schöpfung Homers war und ob es überhaupt an dieser Stelle zum
ersten Mal erschien? Denn diese Möglichkeit besteht, selbst wenn
auf die Frage keine sichere Antwort gegeben werden kann. Das
menschliche Vorbild zu Homers Schilderung ist die einfachste
patriarchale Familie, in der der Hausvater, wenn es ihm so beliebt,
seine Frau züchtigt [1]). Doch wie Zeus kein gewöhnlicher Hausvater
ist, sondern der Göttervater, ebensowenig darf man das Auftreten
der Hera, die wie eine gleichberechtigte oder fast gleichberechtigte
Persönlichkeit von Zeus Rechenschaft fordert, nur auf ein allgemein-
menschliches Vorbild zurückführen — am wenigsten darf dies der
Historiker tun, der in der Verbindung von Zeus und Hera zugleich
die Verbindung von zwei Götterkulten sehen muss. Die Verbindung
zeigt sich da in der archetypischen Form der Ehe, und zwar der
vaterrechtlichen Ehe, auf dem Wege zur Verwirklichung des patriarchalen Dreiecks.

Zeus und Hera sind das archetypische Paar, Zeus der Mann und
Gatte — sogar Brudergatte —, Hera die Frau und Gattin, doch *nur*
als Frau und Gattin, nicht als Mutter, charakterisiert. Deswegen
kommt das patriarchale Dreieck in der olympischen Götterfamilie
dennoch nicht richtig zustande. Die Kultverbindung wird auf die
archetypische Ebene gehoben. Sie wird dadurch zu einer von den
Verehrern hinnehmbaren Realität. Was fehlt, ist der „Sohn", der
dieses Paar im vaterrechtlichen Sinne als der würdige Erstgeborene

---

[1]) *Ilias* 1.545/6; 567.

und Thronfolger verbinden könnte. Hephaistos, der hinkende Schmiedegott, der ursprünglich das Jungferkind der Hera war [1]), gibt sich in der Szene umsonst als der unterwürfige Sohn des Zeus aus. Der Dichter selbst zeigt, wie wenig er zu diesem Elternpaar passt. Und er führt den „Sohn" ein, der neben Zeus, dem Oberhaupt seiner Dynastie, mindestens als „Prinz" erscheinen muss: Apollon. Er spielt in der Szene keine Rolle, doch schmückt er wenigstens mit seinem Lautenspiel das Göttermahl [2]). Mit ihm durchkreuzt und überschneidet ein matriarchales Dreieck das patriarchale, das unvollständig bleibt.

Ein charakteristisches mutterrechtliches Dreieck wird von Leto, Apollon und Artemis gebildet. In diesem Dreieck ist Apollon der „Sohn", mit dem Glanz, der in einer königlichen Familie dem Kronprinzen eignet. Bei Homer wird er ebenso wie Zeus mit dem Titel *anax* ausgezeichnet [3]), der dem englischen *Sir* und *Sire* zugleich entspricht. Nachdem er in die vaterrechtliche olympische Götterfamilie einbezogen wurde, heisst er „Sohn des Zeus", doch nur an zweiter Stelle: an erster Stelle ist er der „Sohn der Leto" [4]), ja, „Anax Apollon, den die Leto gebar" war seine völlig hinreichende Titulatur [5]). Wir kennen mutterrechtliche Gesellschaftsordnungen auf Grund gewissenhafter Berichte von Ethnologen [6]). In einer solchen Gesellschaft darf der Ehemann der Mutter in der Titulatur der Söhne gar nicht genannt werden. In einer matriarchalen Familie, in der faktisch der Bruder der Mutter regiert, wird das Wissen um den wahren Ursprung der Kinder, die Rolle des Ehemannes bei der Konzeption, verdrängt. Die Unwissenheit über die natürliche Entstehung der Kinder bei Primitiven, sog. „steinzeitlichen Völkern", wird in der Ethnologie allgemein angenommen. Sicher nicht mit vollen Recht. Es ist kaum denkbar, dass die menschliche Natur, in diesem Fall die Frauennatur, bei einem so wichtigen Geschehen um sich nicht wüsste, wenngleich nicht mit voller und selbstsicherer Bewusstheit. „Unwissenheit" kann auch aus der Verdrängung entstehen. Der Grund der Verdrängung war der Mythos von einem höheren oder tieferen, jedenfalls einem breiteren

---

[1]) Oben S. 42, Anm. 3.
[2]) *Ilias* 1.603.
[3]) *Ilias* 1.390 sogar ohne Namensnennung; vgl. Calhoun, a.O., S. 3 ff.
[4]) *Ilias* 1.9.
[5]) *Ilias* 1.36.
[6]) Vgl. vor allem die Werke des auch psychologisch interessierten und für alles Menschliche recht scharfsichtigen Bronislaw Malinowski, namentlich *The Sexual Life of Savages in North-Western Melanesia*, London 1932.

Ursprung des neuen Lebens als nur vom zufälligen Liebespartner. Die Frau behielt sich in der mutterrechtlichen Ordnung das Privileg vor, aus dem breiteren Lebensursprung ihre Kinder zu empfangen.

Der „Vater" fehlte auch in der matriarchalen Familie nicht, nur durfte er nicht zugestandenermassen der Ehemann sein und absolut nicht der Bruder. Die mutterrechtliche Ordnung ist vor allem an ihren Inzestverboten zu erkennen. Das am meisten Verbotene, der am meisten befürchtete Inzest, ist in einer matriarchalen Familie der zwischen Bruder und Schwester. Das Dreieck Leto-Apollon-Artemis schliesst die Jungfräulichkeit der Artemis in sich. Die Jungfräulichkeit der Pallas Athene, die ohne Mutter dem Vater geboren wurde, ist in der olympischen Götterfamilie patriarchal bedingt: durch die Selbstbeschränkung des Vaters, sein Recht auf die Frauen der Familie bei den Töchtern auszuüben. Inzestverbote setzen Inzestwünsche voraus: aus dem Wunsch, nur dem Vater anzugehören und dem Verbot des Inzestes ergab sich die Jungfräulichkeit der Vaterstochter.[1]

Im Dreieck Leto-Apollon-Artemis hätten die beiden Kinder der Leto, das Geschwisterpaar Apollon und Artemis das einander würdige Liebespaar bilden können. Man müsste fragen, wenn das Dreieck nicht historisch gegeben worden wäre, warum die beiden Gottheiten, von denen Apollon mit der Sonne, Artemis mit dem Mond am engsten verbunden war, nicht zu einem Liebes- oder Ehepaar, sondern zu einem Geschwisterpaar wurden? Sie bildeten eben historisch das *vorbildliche* Geschwisterpaar einer mutterrechtlichen Ordnung. Kein vorbildliches mutterrechtliches Geschwisterpaar bildeten hingegen Zeus und Hera, die gleichfalls ein Geschwisterpaar waren und dennoch schon „hinter dem Rücken ihrer Eltern sich liebend ins Bett gingen" [2]. Sie bildeten das archetypische „Paar", *vor* jeder mutter- oder vaterrechtlichen Ordnung. Noch weniger war Zeus selbst gebunden. Die olympische Götterfamilie konnte sich um ihn bilden, weil er nicht *nur* einen einzigen Aspekt der Vaterschaft annehmen konnte. Als der „breitere Lebensursprung" blieb er ausserhalb des mutterrechtlichen Dreiecks, das durch ihn, den ursprünglich anonym zeugenden Vater zum Bestandteil der olympischen Familie wurde. Wäre nicht dies der Sachverhalt gewesen, und wäre die vollkommene mutterrechtliche Familie der Leto nicht neben der unvollständigen, nur aus dem Paar Zeus und Hera bestehenden vaterrechtlichen Familie da gewesen, so würden wir nicht einsehen

---

[1] Vgl. Kerényi, *Die Jungfrau und Mutter der griechischen Religion*, Zürich 1952.
[2] *Ilias* 14.295/6.

können, wieso mit dem „Sohn" Apollon nicht Leto die Stelle der „Hauptfrau" einer vaterrechtlichen Familie eingenommen hätte. Ja, sie hätte diese Stelle, mit ihrem Sohn aus einer matriarchalen Welt kommend, einnehmen *müssen*, wenn sich die patriarchale Götterdynastie des Zeus nicht im Herrschaftsbereich einer anderen grossen Göttin, der Hera, gebildet hätte.

Bei näherem Zusehen erhellt es paradoxerweise, dass die Vaterschaft des Zeus in seiner Beziehung zum mutterrechtlichen Teil der Familie einen konkreteren Sinn hat, als in der zum vaterrechtlichen Ganzen. Die Anrede „Vater" ist keineswegs eindeutig in der Geschichte der Religionen. Sie ist in der Form *Zeu pater* eine feste Gegebenheit der Zeusreligion, ursprünglich in vaterrechtlichem Sinne [1]). Der Grund der Verbindung von „*Zeus*" und „*pater*" ist zweifellos in der Sphäre der *geistigen* Werte zu suchen, die auch in einer primitiven Gesellschaft, seitdem der Mensch Mensch ist, möglich waren und sowohl mit „Vater" als auch mit „Aufleuchten" verbunden werden konnten. Die Zusammensetzung der olympischen Götterfamilie zeigt, dass Zeus als „Vater" in einer mutterrechtlichen Gruppe, ursprünglich einer „vaterlosen" Familie, wie die von Leto, Apollon und Artemis, früher die Stelle des breiteren Lebensursprungs einnehmen musste. Dadurch erhielt er eine grössere Konkretheit als in der Sphäre der rein geistigen Werte — eine Konkretheit, die ihm im Leben der Frauen in Griechenland auf Grund bekannter Mythen von der Vaterschaft des Zeus in Verbindung mit sterblichen Frauen ebenfalls zugeschrieben werden musste.

In jenen Erzählungen der Heroenmythologie vertrat Zeus den nicht-mütterlichen Ursprung des Lebens, den kein einziger Mann in sich zu fassen vermochte und der an keine einzige Frau gebunden war, sondern die Nachkommenschaft als göttliche Gabe spendete: so darf der Gehalt jener Mythen formuliert werden [2]). Diese allgemeine Formulierung kann historisch genauer gefasst werden. Der Glaube an die Vaterschaft des Zeus in bestimmten Fällen, die die Heroenmythologie verewigte, war eine Erbschaft der mutterrechtlichen Vergangenheit und es ist möglich zu sagen, wo sich diese Erbschaft vor allem erhielt: in Argolis, der Landschaft, wo sich neben dem berühmtesten Heraheiligtum des Festlandes auch die charakteristischen befestigten Stätten der mykenischen Kultur, mit Mykene selbst, erhoben. Der eine der berühmten Mythen von den vaterrecht-

---

[1]) Vgl. oben S. 42.
[2]) Kerényi, *Mythologie*, S. 156 (dtv. 392, S. 126).

lich verbotenen, mutterrechtlich richtigen Vaterschaften des Zeus war der Mythos der Danae: sie empfing in Argos, in eine eherne Kammer eingesperrt, von Zeus, der sie als goldener Regen schwängerte, Perseus, den Gründer von Mykene [1]). Bei einem anderen Mythos dieser Art, der Geschichte von der Empfängnis des Herakles in der Hochzeitsnacht der Alkmene, in der Zeus den Mann, Amphitryon, vertrat, sind die Verhältnisse nicht so klar. Dieser Mythos wurde nach Theben übertragen, doch der ursprüngliche Ort der Geschichte war aller Wahrscheinlichkeit nach Tiryns, die Nachbarburg von Mykene [2]).

Es ist nicht anders denkbar, als dass den Kern der olympischen Götterfamilie die Verbindung des Zeus mit Hera, eine historische Begebenheit vor der Erfindung der Götterfamilie, bildete. Sonst müsste Leto, die von ihm unter den Göttinnen Apollon, den würdigsten Sohn empfing, ursprünglich nur mutterrechtlich richtig, die Stelle der vaterrechtlichen „Hauptfrau" des Zeus erhalten haben. Hera selbst passte in die vaterrechtliche Familie, die dem Schöpfer der olympischen Götterfamilie vorschwebte, keineswegs gut. Sie war ebenso wie die weniger scharf charakterisierte, keine besondere göttliche Persönlichkeit zur Schau tragende Leto, mit der älteren, mutterrechtlichen Welt verbunden. Ein Beweis liegt darin, dass das archaische Motiv der Parthenogenesis, des Gebärens vaterloser Kinder, bei ihr mehrfach vorkommt, ohne dass aus ihren Empfängnissen je ein Sohn geboren worden wäre der ebenso, wie Apollon in das patriarchale Dreieck hätte eintreten können.

Es wurde schon erwähnt, dass Hephaistos, der auf archaische Weise nur als Sohn der Hera galt [3]), bei Homer der vaterrechtlichen Ordnung zuliebe als ihr Sohn von Zeus auftritt. Eine andere vaterlose Geburt der Hera setzte, nach dem homerischen Apollonhymnus [4]), das Ungeheuer Typhaon in die Welt. Ihr dritter Sohn, der bei Homer ebenso wie Hephaistos als Sohn der Hera und des Zeus erscheint, ist der Kriegsgott Ares, von dem sein „Vater" sagt, er sei ihm unter allen Göttern der am meisten verhasste: er gleiche allzusehr der Mutter [5]). Die Verbindung wurde durch die Erzeugung dieses Sohnes sicher nicht begründet. Der Grund muss in der ursprüng-

---

[1]) Kerényi, *Die Mythologie der Griechen* II, *Die Heroengeschichten*, Zürich 1958 S. 56 ff. (dtv. 397, S. 44ff).
[2]) Kerényi, *Heroen*, S. 141 f. (dtv. 397, S. 107).
[3]) Oben S. 42, Anm. 3.
[4]) 305 ff.
[5]) *Ilias* 5.892.

lichen Natur der Hera, in ihrer „Gestalt" oder archetypischen Be-
schaffenheit gesucht werden. Diese wird sich aus der Darstellung ihres
Kultus und der damit verbundenen Mythen ergeben [1]). Homer
begründet die besondere Stellung Heras unter den Göttern aus
vaterrechtlichem Gesichtspunkt: sie sei die älteste Tochter des
Kronos gewesen und sei die Gattin des ältesten Sohnes, der über allen
Göttern herrscht [2]). Er deutet aber auch an, dass das Verhältnis in
Mykene anders war: Agamemnon schwört, im 7. Gesang der Ilias
auf Zeus, als den „tief donnernden Gatten der Hera" [3]). Zur Titulatur
des Zeus als Schwurgottheit gehört, dass er Heras Gatte ist. Diese
Titulatur war offenbar mykenisch.

Damit wird die historische Situation bezeichnet, in welcher der
Kern der olympischen Götterfamilie entstand. Die Göttin Dia, deren
Spuren wir in Knossos zu entdecken vermochten [4]), verschwand aus
der Verbindung mit Zeus. An ihre Stelle trat die viel anspruchsvollere
Hera. Die Herrscher eines grossen Teiles der Peloponnesos waren ihr
ergeben. Sie nennt bei Homer Argos, Sparta und Mykene als ihre
Lieblingsstädte[5]). Die Züge einer mutterrechtlichen Ordnung und
der entsprechenden Mythologie waren im Umkreis ihres Kultes zur
Zeit jener griechisch sprechenden Könige noch stark genug, zu einem
neuen Gebilde innerhalb der Zeusreligion beizutragen. Dieses Gebilde
war sicher noch nicht die uns bekannte olympische Familie, die als
matriarchalen Bestandteil eine so bedeutende Götterdreiheit wie das
Dreieck Leto-Apollon-Artemis enthält. Doch die Spannung zwischen
Zeus und Hera, wodurch in dieser Familie nur eine herrschende
patriarchale Macht, doch zwei Rechtsansprüche zur Geltung gelangen,
ist keine bloss dichterische Konstruktion, zur wirkungsvollen Darstellung des trojanischen Krieges geschaffen.

Ansätze zur Bildung der olympischen Götterfamilie konnten auf
den Tontafeln von Pylos festgestellt werden [6]). Nicht so, als ob der
Vorgang der Entstehung in Pylos selbst begonnen hätte! Die Verhältnisse in Pylos im 13. Jh. v. Chr. in bezug auf Kult und Religion
sind an sich wichtig genug. Wir werden sie im nächsten Kapitel näher
betrachten. Die Erwähnung des Paares Zeus und Hera ist sicher, doch

---

[1]) Unten Kap. VI und VII
[2]) *Ilias* 4.59/60.
[3]) 411; der Ausdruck wird wieder aufgenommen 13.154 und 16.88; unpassend
im fremden Gesang 10.329.
[4]) Oben S. 25.
[5]) *Ilias* 4.51/2.
[6]) Oben S. 24-25.

sie geschieht nicht auf erster Stelle. Wir dürfen den Anfang ebendort suchen, wohin uns Homer geführt hat: im Königtum von Mykene und im Heiligtum der Hera bei Mykene und Argos. Bei Homer fanden wir die olympische Götterfamilie als die für die ganze folgende Zeit gültige Ordnung der griechischen Göttermythologie in ihrer ausgebildeten Form. So muss die Rolle, die Homer im Erschaffen dieser Ordnung gespielt haben mag, am Schluss dieses Kapitels doch noch erwogen werden.

Besonders die Verschmelzung der Familie der Leto mit der unvollständigen patriarchalen Familie des Zeus macht es wahrscheinlich, dass der Schöpfer, wenigstens in der letzten Phase der Entstehung, Homer war. Eine Voraussetzung der Aufnahme gerade jenes matriarchalen Dreiecks war, dass jemand eine umfassende Schau von der Religion der Griechen auf dem Festland, auf den Inseln des Ägäischen Meeres und in Kleinasien besass. Diese Schau ist von Homer anzunehmen. Für ihn als Schöpfer spricht auch Negatives: der Umstand, dass Dionysos und die Eleusinischen Gottheiten, obwohl ihre Religion in die mykenische Zeit zurückreicht [1]), bei keiner Versammlung der Familie erscheinen. Die Zurückhaltung in bezug auf diese Götter charakterisiert die ganze homerische Dichtung. Soweit wäre aber Homer sicher nicht gegangen, dass er sie ausgeschaltet hätte, wenn sie vor ihm auf den Olymp, in den Rahmen der Familie, aufgenommen worden wären.

Wie weit Homer in der Schöpfung seiner Ordnung zu gehen wagte, zeigt die Rolle der Göttin Dione, die ihr von ihm in der Götterfamilie zugewiesen wurde. In Dodona war sie gewissermassen die weibliche Hälfte des Zeus: ihr Name, der eine Weiterbildung der in Pylos noch bekannten *Dia* ist [2]), bezeugt dies. Einen anderen Inhalt, als das „weibliche Aufleuchten" zu sein, hatte weder Dia noch Dione. Bei Homer ist sie die Mutter der Aphrodite. So ist diese grosse Göttin der mediterranen und vorderasiatischen Welt eine Tochter des Zeus geworden. Ein archaischer Mythos wurde dadurch ausgeschaltet, der den homerischen Stil, nicht nur in der Dichtung, sondern auch in der Religion, durchbrochen hätte: die Geburt der Aphrodite aus dem männlichen Glied des verstümmelten Uranos, das in das Meer fiel. Hätte Hesiod diesen Mythos nicht in seine *theogonie* aufgenommen, so wäre er — nach Homers Absicht — in Vergessenheit

---

[1]) Vgl. Kerényi, *Eleusis*. Archetypal Image of Mother and Daughter, New York 1967, S. 18 ff.; *Dionysos* I Kap. 3 (Dionysische Namen).

[2]) Vgl. oben S. 25.

geraten. Er gehörte zu jenem inhumanen — und z. T. auch nicht anthropomorphen — Bestand der griechischen Mythologie, von dem nicht anzunehmen ist, dass er erst nach Homer erfunden worden wäre. Keine Andeutung weist bei Homer auf solche Mythen hin: etwa darauf, dass Uranos die Geburt seiner Kinder verhindern wollte [1]) und dass Kronos seine Söhne verschlang [2]), oder dass Pallas Athene, die in den olympischen Szenen als die Vaterstochter charakterisiert wird, aus dem Haupt des Zeus entsprang [3]).

So wurde die olympische Götterfamilie — und mit ihr die „Familie" überhaupt — zum Ausdruck einer *humanen Zeusreligion*. Eine Grosse Mutter, wie es bei Hesiod die Gaia, die Mutter Erde war, nach deren Absichten alles in der entstehenden Welt vor sich gehen sollte, enthält diese Familie nicht. Das Bild der olympischen Familie wird durch das Bild des Vaters bestimmt — und wenn noch durch ein weibliches Bild, so durch das Bild der Frau und Gattin: Hera. Das Bild des Zeus ist nicht das einzige Vaterbild der griechischen Mythologie. Es ist aber das Vaterbild des höchsten Gottes der griechischen Religion. Was für ein Vaterbild ist es?

---

[1]) Hes. *Theog.* 156-8.
[2]) Hes. *Theog.* 459.
[3]) Hes. *Theog.* 924-6.

KAPITEL IV

POSEIDON, DER „GATTE" UND „VATER"

Zeus wurde von Göttern und Menschen in allen denkbaren Situationen als „Vater" angeredet. Unter den zahllosen Zeugnissen seiner Verehrung gibt es dennoch kein einziges von einem besonderen Kult des Zeus Pater [1]). Seine Vaterschaft war durch keinen Kult besonders betont und näher bestimmt. Es war Poseidon, der in einem bestimmten Kult den Beinamen *Pater* trug, und der Mythos, der diesem Kulte zugrunde lag, gibt auch eine gewisse Aufklärung darüber, was für ein „Vater" er war. Homer lässt ihn in der vaterrechtlichen Olympischen Familie neben Zeus in einer nur etwas untergeordneten Stellung erscheinen, die es für ihn nicht ausschloss, im eigenen Machtbereich auch Vater zu sein. Er ist aber kein einfacher Charakter, wie es etwa einem Elementarwesen, selbst dem Gott des Meeres oder gar des feuchten Elementes überhaupt, ziemen würde. Seine homerische Charakteristik war sehr wahrscheinlich in der Geschichte der griechischen Religion begründet. Die hervorragende Stellung, die er auf den Tafeln des Nestorpalastes von Pylos im Verhältnis zu Zeus einnimmt, ist ein weiterer Grund dafür, dass wir sein Bild zum Vergleich neben das Vaterbild des Zeus stellen.

Homer schildert keine Rivalität oder gar Bruderhass zwischen den beiden, woraus man auf die Rivalität zweier Religionen zu seiner Zeit — oder noch in der Erinnerung der Menschen jener Zeit — folgern könnte: der Zeusreligion und einer anderen, in der Poseidon die gleiche höchste Stelle in der Religion der Griechen hätte einnehmen können. Die Frage ist auch an sich nicht nebensächlich, wie weit eine „Poseidonreligion" überhaupt denkbar ist. Vom Kult des Poseidon, wie er uns aus der Geschichte bekannt ist, bemerkte mit vollem Recht Farnell [2]):

> „It lacks the spiritual and ethical interest of some of the Olympian cults, and from the earliest to the latest period Poseidon remains comparatively a backward god, never intimately associated with the nation's intellectual advance. (Er ist nicht von jenem geistigen und moralischen Interesse, wie manche der Olympischen Kulte, Poseidon bleibt von den frühesten bis zu den spätesten Zeiten ein verhältnis-

---

[1]) Festgestellt im Artikel *Zeus* bei Roscher, *Lex*. VI, 652.
[2]) *The Cults of the Greek States* IV, Oxford 1907, 1.

mässig zurückgebliebener Gott, nie innerlich verbunden mit dem intellektuellen Fortschritt der Nation.)"

Die Schilderung Homers entspricht diesem allgemeinen Bild, wenn Poseidon in der Ilias [1]), wie ein treuer Vasall, dem diese Beschäftigung ansteht, die Pferde des Zeus ausspannt, seinen Wagen bedeckt, während der Götterkönig selbst seinen goldenen Thron besteigt — sicher eine Situation aus der mykenischen Zeit. Wohl zürnt er dem älteren Bruder, wenn dieser nicht die Griechen begünstigt wie er [2]). Er bekennt sich aber, entgegen der Aufwiegelung durch Hera, zu seiner Unterordnung [3]), solange er durch sein Mitgefühl für seine lieben Griechen nicht mitgerissen wird. Für die Religionsgeschichte ergibt sich daraus nicht mehr als der Charakter eines nationalen Gottes, der an die materiellen Belange seines Volkes gebunden ist, in ihnen lebt und webt, in ihrem Bereiche seine Macht, manchmal verhehrend, zeigt.

Dennoch zeigt sich Poseidon bei Homer um seine Verehrung besorgt und, da er von reizbarer Natur ist, gereizt. Der Mythos, der nicht nur Zeus, sondern auch Poseidon und Hades zu Söhnen der Rhea und des Kronos machte, war eine Voraussetzung der Olympischen Götterfamilie. Ob die weitere Erzählung, dass die drei Brüder die Welt durch das Los untereinander aufgeteilt haben und Poseidon auf diese Weise das Meer als Herrschaftsbereich erhielt, zum gleichen Mythos gehörte oder für sich bestand, ist nicht mehr auszumachen. Homer zitiert diese recht summarische Erzählung, die auf die frühe Geschichte der griechischen Religion, in der die Teilung noch nicht so reinlich vorlag, keine Rücksicht nimmt. Poseidon beruft sich auf die Teilung [4]) und er ist nicht wegen seines grossen Machtbereiches besorgt. Es sind Beschränkungen im Kulte, die seine Gereiztheit erregen und etwas vom Verhältnis seiner Verehrung zur Zeusreligion wiederspiegeln.

Im siebenten Gesang der Ilias befestigten die Griechen ihr Lager am Meer mit Wall und Türmen. Es ist ein erstaunliches Werk, an einem einzigen Tage vollendet. Um seine Grossartigkeit hervorzuheben, lässt Homer die Götter zuschauen und unter einander darüber reden [5]). Poseidon richtet das Wort an Zeus. Er denkt an die Mauer

---

[1]) 8.440.
[2]) 13.350.
[3]) 8.208-211.
[4]) *Ilias* 15.187-93.
[5]) *Ilias* 7.443-63.

von Troia, die er und Apollon für Laomedon errichtet haben: dadurch
wird das befestigte Lager mit der belagerten Stadt selbst verglichen.
Wird sich aber noch ein Sterblicher um den Sinn — *noos kai metis* —
der Götter kümmern, nachdem die Griechen, die sonst dem Poseidon
so lieb sind, dieses Werk vollbracht und dabei nicht einmal daran
gedacht haben, Hekatomben zu opfern? Das ist seine vorwurfsvolle
Frage an Zeus. Worauf Zeus „unmutsvoll" [1]):

> Wehe mir, Erderschüttrer, gewaltiger! Welcherlei Rede!
> Wenn ja ein anderer noch der Unsterblichen jener Erfindung
> Zitterte, der weit schwächer denn du an Arm und Gewalt ist!
> Doch dir währet der Ruhm, soweit der Tag sich verbreitet.
> Auf wohlan, sobald nun die hauptumlockten Achaier
> Heimgekehrt in den Schiffen zum lieben Lande der Väter,
> Reisse dann ein die Mauer und stürze sie ganz in die Meerflut,
> Wieder das grosse Gestad umher mit Sande bedeckend,
> Dass auch die Spur hinschwinde vom grossen Bau der Achaier.

In der Odyssee haben die Götter, an ihrer Spitze Zeus, Poseidon
tatsächlich hintergangen. Sie haben Odysseus hinter seinem Rücken
gerettet und durch die Phaiaken, ein mythisches Lieblingsvolk des
Poseidon, heimführen lassen. Seine Befürchtung, die in diesem Vor-
wurf zutage tritt, ist nicht unbegründet [2]):

> Vater Zeus, auf immer ist bei den unsterblichen Göttern
> Meine Ehre dahin, da Sterbliche meiner nicht achten,
> Jene Phaiaken, die selbst von meinem Blute gezeugt sind!

Und wiederum beruhigt ihn Zeus [3]):

> Welche Red' entfiel dir, du erderschütternder König!
> Nimmer verachten dich die Götter! Vermessene Kühnheit
> Wär es, den grössten, gewichtigsten Gott mit Verachtung zu reizen,
> Weigert sich aber ein Mensch, durch Kraft und Stärke verleitet,
> Dich, wie er soll zu ehren, so bleibt dir ja immer die Rache.

Es ist Zeus, der Poseidon daran erinnern muss, welche Macht ihm
zur Verfügung steht. Blicken wir auf eine Karte Griechenlands, auf
der die Poseidonkulte bezeichnet sind [4]); bedenken wir, wie die ganze
griechische Welt vom Meer beherrscht, wie die griechische Zivilisa-
tion von der Seefahrt abhängig war, so können die angeführten Worte

---

[1]) 455 ff., übersetzt von Voss.
[2]) 13.128-30, übersetzt von Voss.
[3]) 140 ff. in der etwas berichtigten Übersetzung von Voss.
[4]) Bei Fritz Schachermeyr, *Poseidon und die Entstehung des griechischen Götter-
glaubens*, Bern 1950, vor dem Titelblatt.

nur diesen historischen Sinn haben, dass zu Homers Zeit noch die Erinnerung an eine Alternative lebte: vielleicht geht die Verehrung des Poseidon zurück, vielleicht erobert sie das mächtige Gebiet. Nicht Zeus ist in den Olympischen Gesprächen um seine Verehrung besorgt. Er befürchtet keine Rivalität mehr, obwohl, nach einem alten Mythos, auch Poseidon, mit Hera und Athene, zu den rebellierenden Gottheiten gehörte, die ihn binden wollten [1])! Für die Zeusreligion war und blieb auch das Meer ein Ort des glückhaften „Aufleuchtens", Zeus wurde als „der im Meere" — *Zeus Enalios* — neben Poseidon wahrgenommen [2]). Wer war aber Poseidon — seinem Namen nach?

Rein sprachlich betrachtet bildet „Poseidon" geradezu den Gegensatz zu „Zeus". Beide sind, bei näherem Zusehen, durchsichtig und beide gehören lautlich und grammatisch in die griechische Sprache. Doch „Zeus" ist das denkbar einfachste Verbalnomen, eine *actio perfectiva* zur Person geworden, für sich, in völliger Unabhängigkeit von jedem Objekt, oder von einem übergeordneten Subjekt, dem die agierende Person gehören würde. „Poseidon" ist ein zusammengesetztes Wort, aus einem Vocativ, *posei*, und einem Genitiv, *das* gebildet [3]). Das Wort *posis*, um dessen Vocativ es hier geht, entspricht wohl dem altindischen *pati* „Herr", dem lateinische *potis* „der Fähige", bedeutet aber im Griechischen ausschliesslich den „fähigen Mann einer Frau". Die Frau ist in der Zusammensetzung die Göttin Da, in der Bedeutung *Ga* oder *Gaia*, „die Erde", von den Griechen der homerischen Zeit noch völlig verstanden. Dies beweisen die drei Varianten *Ennosigaios*, *Ennosidas* und *Enosichthon* der Umschreibung des Gottes, dessen gleichfalls umschreibender Name mykenisch als *po-se-da-o*, homerisch *Poseidaon*, dorisch *Poteidan* und *Poteidas* belegt ist [4]).

Ennosigaios, Ennosidas, Enosichthon, mit der Bedeutung „Erderschütterer", ist die feierlichere Umschreibung. Die Erde ist darin das Objekt. In der Umschreibung, die zum Eigennamen geworden ist, ist

---

[1]) *Ilias* 1.399/400.

[2]) Supplementum Aeschyleum fr. 178 mit dem Prädikat πέμπετε.

[3]) Paul Kretschmer, „Zur Gesch. der griech. Dialekte", *Glotta* I, (1909) S. 27 f. und öfters. Vgl. Vladimir Georgiev, „Mycénéen et Homérique: le problème de Digamma", *Proc. Cambridge Coll. of Myc. Stud.* 1966, S. 112 f; C. J. Ruijgh, „Sur le nom de Poseidon", *Revue des Études Grecques* LXXX (1967), 6 ff. und zuletzt mit einem absurden mythologischen Ergebnis Eric P. Hamp „The name of Demeter", *Minos* IX (1968), 198-204.

[4]) *Docs.* S. 126 und Liddel-Scott *s.v.*

die Erde als Göttin und Frau gewissermassen die Besitzerin des
„Erschütterers", der da als ihr Gatte bezeichnet wird: unabhängig
vom Objekt, dem seine Tätigkeit als Erschütterer und Gatte gilt,
existiert Poseidon *in der griechischen Sprache nicht.* Zeus heisst in einer
feierlichen Formel „*posis Heras*" [1]) und dies ist sprachlich die genaue
Entsprechung zu „*posis Das*". Die Entsprechung beschränkt sich
aber nur auf den Ausdruck einer Beziehung von Zeus, die historisch
entstand und zu seinem Wesen, das sein Name ausspricht, nicht gehörte.
Poseidons Eigenschaft, die sein Name ausdrückt, *posis Das*, gehört zu
seinem Wesen. Zum „*posis*" ist als weitere Umschreibung „Erschütterer" hinzuzufügen, zu seiner Tätigkeit als heftiger Begatter
auch die Erweiterung der Begattung als Erschütterung überhaupt:
Erschütterung der Erde und — sicher seit frühen Zeiten schon —
die Erschütterung des beweglichen Meeres, nicht etwa nur als Meer-
beben! Eine frühe Erfahrung der Menschen am Mittelmeer war aber
auch dies, dass das Erdbeben sich nicht auf den Erdboden beschränkte,
der Meerboden bebte oft genug mit. Vom Erschütterer erwartete
man auch die Sicherung gegen Erdbeben und gab Poseidon den
Beinamen *Asphaleios*, „der Sicherer" [2]). Sein Beiname *Gaiaochos*
behielt daneben [3]) eine Art Zweideutigkeit: das Element *-ochos*
„tönte" das Tragen und das Begatten zugleich [4]).

Diesem Verhältnis, dass „Zeus" allein, „Poseidon" aber nie allein,
nie ohne die Erde oder ohne das Meer als göttliche Wesenheit besteht,
entspricht die Tatsache, dass es in der griechischen Religionsgeschichte Grund genug gibt, von einer Zeusreligion, doch nur beschränkt
von einer „Poseidonreligion" zu reden. Aus der Analyse des Namens
ergibt sich bei griechisch sprechenden Menschen die Priorität der
Verbindung Poseidons mit der Erde gegenüber seiner Verbindung
mit dem Meere. Eine absolute Priorität ist dies nicht. Denn es ist
wohl möglich, dass der Name „Poseidon", in dieser Hinsicht mit
dem gleichfalls zusammengesetzten „Dionysos" vergleichbar [5]), einen
Gott umschreibt, der bei Nicht-Griechen einen anderen Namen trug
und mit dem Meere schon verbunden war. Ein anderes Ergebnis der
Wortanalyse ist, dass Poseidon bei den Griechen mit der Erde als
posis mit seiner *alochos* [6]), Gatte mit der Gattin archetypisch verbunden

---

[1]) Vgl. oben S. 50.
[2]) Plutarch, *Theseus* XXXVI.
[3]) Plutarch, *ebenda.*
[4]) Vgl. ὀχεία, Liddell-Scott *s.v.*, ein Wort, das ebenso zweideutig ist.
[5]) Vgl. oben S. 25-26.
[6]) Aristoteles, *Politica* I 3, 1.1253 b.

war. Solche Verbindung gehört zu einer Religion mit mindestens
zwei Gottheiten als Objekten der Verehrung, ausser Poseidon mit der
Erdgöttin, die sogar die Hauptgottheit dieser Religion sein kann —
um so wahrscheinlicher, je mehr der männliche Partner in der Funktion aufgeht, die er neben seiner Partnerin erfüllt. Hier ergab die
Funktion des *posis* sogar den Namen des Gottes.

Man darf hier von einem exakten Ergebnis, zunächst nur auf sprachlicher Grundlage, reden: jene Religion, zu der Poseidon innerhalb
der griechischen Religion gehört, wird durch eine gegebene Kultgemeinschaft und durch die besondere archetypische Funktion des
Poseidon eben darin gekennzeichnet. Die Bezeichnung „archetypisch"
scheint hier geeigneter zu sein, als „menschlich" oder „allgemein-
menschlich", obwohl mit ihr nichts gemeint ist, was nicht in der
menschlichen Natur angelegt wäre. Bei einer „menschlichen"
Funktion und Verbindung wäre man aber leicht verführt, an etwas
Anthropomorphes zu denken, während der archetypische Gatte, der
Poseidon in seiner Verbindung mit der Göttin Da ganz offenbar war,
auch als Tier-Gatte erscheinen kann, und gerade dies ist wiederum
für Poseidon charakteristisch, mit einem merklichen Unterschied
gegenüber Zeus: seine Verbindung mit der Tiergestalt ist historisch
so gut belegt, dass man darin etwas mehr, als nur ein mythologisches
Motiv, das täuschende Spiel des Gottes mit seinen Geliebten, sehen
muss. Weiter ging der Einfall, der Poseidon eine ursprüngliche Ross-
gestalt zuschreiben wollte [1]).

Dieser Einfall kann mit mathematischer Sicherheit widerlegt und
durch die Ableitung der theriomorphen Erscheinungen des Poseidon
aus dem „Archetyp des Gatten" ersetzt werden. Es ist hier sogar
notwendig, eine gleichsam mathematische, womöglich exakte Sprache
zu verwenden und daher den Begriff des Archetyps, wie eines imaginären i einzuführen: durch dieses i wird eine Vielfältigkeit und zugleich Eindeutigkeit verständlich. Allerdings muss, zunächst nur der
Reinlichkeit des Denkens halber, der „Archetyp des Gatten" vom
„Archetyp des Vaters" streng getrennt werden. Solche Trennung
entspricht indessen der mutterrechtlichen Denkweise. Für diese gilt
der Gatte der Mutter nicht als der Vater ihrer Kinder, sondern eben
nur als Gatte, eine Auffassung, die wiederum ihre eigene, allgemeine
archetypische Gültigkeit besitzt. Das weibliche Geschlecht begegnet
dem männlichen in vier Beziehungen, denen vier archetypische Ge-

---

[1]) Ulrich von Wilamowitz-Moellendorff, *Griechische Tragödien* II, Berlin 1919,
S. 227, 1, von vielen ohne Beweise nachgesprochen.

stalten entsprechen: der Vater, der Bruder, der Gatte und der Sohn. Von diesen ist die Gestalt des Gatten ausschliesslich der Frau als Gattin vorbehalten. Die Tätigkeit eines göttlichen Gatten impliziert nicht die Vaterschaft. Daher konnten unfruchtbare Erschütterungen, Erdbeben und die Aufwühlung des Meeres mit der grössten Natürlichkeit auf Poseidon, den Gatten zurückgeführt werden.

Diese Tätigkeit, die männlich aggressive Begattung — ob fruchtbar oder nicht — wurde, seitdem das Pferd in der ersten Hälfte des zweiten Jahrtausends am Mittelmeer aufgetaucht war [1]), vorwiegend mit einem rossgestaltigen Poseidon verbunden: ihm, dem „Gatten" und *nur* dem Gatten, dessen Wesen in dieser Funktion ganz aufgeht, lag es am nächsten, die Gestalt eines Hengstes anzunehmen. Oft trägt er den Beinamen *Hippios* [2]), manchmal auch *Hippegetes* [3]), „der Rosstreiber", und *Hippokurios* [4]), „der Rosspfleger", doch nie wird er „Hippos", der Hengst" schlechthin genannt, wie es jene Identifikation fordern würde, welche ohne Beleg angenommen wurde [5]). Bei Homer besorgte Poseidon das Rossgespann des Zeus [6]) und dadurch wurde nicht nur sein Vasallentum, sondern auch der Bereich seiner Betätigung bezeichnet: die animalische Sphäre. Von einem gewissen Zeitpunkt an wurde diese in Griechenland vornehmlich durch das Pferd und die Pferdezucht vertreten. Das Pferd war aber kaum als Zug- oder Reittier dem Poseidon lieb, vielmehr in seiner vollkommenen animalischen Freiheit. Der Mythos drückt die zeitliche Priorität des Gottes vor seinem Lieblingstier auf seine Weise aus. Nach dem attischen [7]) und dem thessalischen Mythos [8]) lässt Poseidon das erste Ross aus dem gespalteten Felsen hervorspringen, nach dem attischen aus dem eigenen Samen, der auf den Felsen fiel [9]): sicher als einen freien Göttersprössling. Auf dem Gebiet des Poseidonheiligtums von Onchestos, in Böotien, mussten die Wagenlenker zu Fuss neben dem Gespann hergehen und wenn es den Pferden gelang, an den Stämmen im heiligen Hain den Wagen zerbrechen zu lassen und sich zu befreien, wurden sie dort als dem Gott geweihte, freie Tiere

---

[1]) Vgl. Schachermeyr, a.O., S. 53.
[2]) Farnell, oben S. 53, Anm. 2; a.O., S. 74, 4a.
[3]) Farnell, a.O., S. 74, 4b.
[4]) Farnell, a.O., S. 74, 4c.
[5]) Oben S. 58, Anm. 1.
[6]) *Ilias* 8.441.
[7]) *Schol. in Ver. Georg.* 1.2.
[8]) *Schol. in Pind. Pyth.*, 4.246; dargestellt auf thessalischen Münzen, *Cat. Brit. Mus.*, *Thessalia* Taf. X, Nr. 5 und 6 etc.
[9]) *Schol. in Pind. Pyth.*, 4.246.

gehalten ¹). Pferde mit nachschleifendem Zügel auf Münzbildern ²) weisen auf ihren befreiten Zustand im Poseidonkulte hin.

So war es, nachdem der Hengst an die Stelle des Stieres in der Beziehung zu Poseidon trat, dem *taureos Ennosigaios*, dem „stierischen Erderschütterer", wie er in Theben genannt wurde ³). Die Rolle des Stieres im Poseidonkulte ist nicht weniger gut bezeugt als die des Pferdes. Die gleiche Beziehung hatte Poseidon zum Widder, dessen Gestalt er als Begatter ebenfalls annahm ⁴). All das widerlegt die Annahme eines rossgestalteten Ur-Poseidons und erklärt hinlänglich alle theriomorphen Erscheinungen des Begatters. Die Priorität des Stieres, des Tauromorphismus vor dem Hippomorphismus, ist im Poseidonkult ebenso gesichert wie in der mediterranen Kultur-geschichte und beweist die Richtigkeit der archetypischen Auffassung der verschiedenen, gleichwertigen Tierformen. Was da stattfand war nur „Symbolwechsel" — so dürfen wir es nennen, ohne „Symbolis-mus" zu treiben, oder alles auf Archetypen zurückführen zu wollen — wie es in der griechischen Mythologie und Religionsgeschichte bei der Begegnung mit einer neuen Tier- oder Pflanzenwelt auch sonst vor-kam ⁵). Der Wechsel schloss das ältere Symboltier nicht für immer aus. Er begann aber schon in der mykenischen Zeit. Wir müssen auf diesen Umstand eingehen, umsomehr, als die Kultgemeinschaft, die aus dem Namen erschlossen wurde, gleichfalls mykenisch ist.

Der ursprüngliche Sinn des grossen Opfers der griechischen Religion, der *hekatombe* — in wörtlicher Übersetzung: des „Hun-dertrind"-Opfers — ist uns nicht überliefert. Die griechische Idee, die Homer und Hesiod vom Ritus abgeleitet hatten, ist am kürzesten so zu fassen: Zusammensein und Zusammenspeisen mit den Göttern, ein Fest der gemeinsamen Ernährung, an der die Götter — in der Idee: sichtbar — teilnehmen ⁶). Es war indessen diese Idee, an die sich der Prometheus-Mythos vor Hesiod und wahrscheinlich schon vor

---

¹) Hom. *Hymn. in Ap.* 230-39; bei den Germanen wurden Pferde als Orakel-tiere ähnlich gehalten: Tacitus, *Germania* X 2.

²) Bei Paula Philippson, *Thessalische Mythologie*, Zürich 1944, Münztafel Nr. 1 u. 3.

³) Hesiodus, *Scutum* 104. Vgl. das Stieropfer an den „Herrn des Helikon", den *Enosichthon*, bei Homer *Il.* 20.404. Der Kult in Theben und am Helikon sind nicht von einander zu trennen. Die *Hippu krene* auf dem Helikon gehört der Zeit des späteren Hippomorphismus an.

⁴) Vgl. meine *Mythologie*, S. 180, (dtv. 392 S. 145).

⁵) Vgl. meinen *Göttlichen Arzt*, 3. Aufl. Darmstadt 1964, S. 61.

⁶) Vgl. meine *Antike Religion, Werke* VII, S. 134 ff.

Homer anschloss, mit seiner Deutung des Unterschiedes zwischen Göttern und Menschen: die Idee des gemeinsamen Schwelgens sollte in Mekone zum ersten Mal verwirklicht werden [1]), sie war die bereits bestehende Voraussetzung des Opfermahles. Die Folgerung, dass der Ritus selbst nicht schon früher, auf Grund einer Idee zustandekam, die nicht die griechische war, wird dadurch keineswegs ausgeschlossen. Das grosse Opfertier der minoischen Zeit in Kreta war sicher der Stier. Doch von der Darbringung von hundert Tieren auf einmal hat man bis jetzt kein Zeugnis aus der minoischen und der mykenischen Zeit.

Dies kann auch reiner Zufall sein. Immerhin erscheint der Stier auf minoischen und mykenischen Darstellungen des Fanges und des Stierspiels und in den Zeugnissen von der Zerreissung eines Stieres [2]) als individuelles und nicht als Massen-Opfertier. Das gefährliche Stierspiel der minoischen Statuen und Gemälde scheint die rituelle Wiederholung des Stierfanges zu sein [3]). Es war anscheinend das freie Tier, das in einem heiligen Spiel seine Rolle übernehmen musste: in einer auf den bekannten Monumenten nicht dargestellten letzten Szene die Rolle des zerrissenen Gottes [4]). Von da aus ist die Entwicklung zu einem Massenopfer kaum denkbar. Denkbar ist, dass das individuelle Tier der Vertreter seiner Gattung und einer Gottheit zugleich war, die diese Form der Erscheinung wählte, auch ohne den blutigen Ausgang seiner Epiphanie. Die tauromorphe Erscheinung eines Gottes als Gatten ist für das minoische Kreta auf Grund des griechischen Mythos anzunehmen. Im Mythos der Europa nimmt Zeus die Gestalt des Stieres an [5]). Es wäre aber voreilig, daraus zu folgern, dass zwischen Zeus und dieser Erscheinungsform in Kreta eine engere und nicht nur eine gelegentliche Verbindung bestand. Der Stier, in den sich die Königin Pasiphae verliebte und der sie begattete, wurde aus dem Meer, von Poseidon geschickt. Diese ist für uns die älteste Überlieferung. Euripides folgte ihr in der Tragödie, in der er das Thema behandelte, in „Die Kreter" [6]).

Spätere Mythographen setzten in dieser Beziehung Zeus für Poseidon ein [7]). Es ist sehr unwahrscheinlich, dass Euripides Zeus für

---

[1]) Vgl. meinen *Prometheus rde* 95, S. 48 ff.
[2]) Vgl. meinen *Dionysos*, I Kap. 3 (Zagreus).
[3]) Vgl. meinen *Dionysos*, I Kap. 1 (Minoische Visionen).
[4]) Vgl. meinen *Dionysos*, I Kap. 3 (Ariadne).
[5]) Vgl. meine *Mythologie*, S. 108 (dtv 392, S. 87).
[6]) *Fragm. trag. gr.*² 471 ff. Nauck.
[7]) Vgl. Carl Robert, *Die griechische Heldensage* I, Berlin 1920, S. 362, 1.

Poseidon aufgegeben hätte, wenn seine Version nicht die ursprüngliche gewesen wäre, wie er in dieser Tragödie auch sonst von echten kultischen Tatsachen aus Kreta berichtet: vom Verspeisen des rohen Fleisches eines zerrissenen Stieres [1]. Seine Pasiphae nennt den Stier aus dem Meere „Erscheinung" (*phasma*) [2] und dem Poseidon bestimmtes Opfertier: mit der grössten Wahrscheinlichkeit ist darin der kretische Mythos von der Erscheinung des Poseidon selbst als Stier aus dem Meere zu erkennen. Die Rolle des Stieres als Gatte kam daher, dass er den Gott vertrat, der in dieser Gestalt der „Allen leuchtenden Herrin" — dies besagt der Name „Pasiphae", ob sie ursprünglich die Mondgöttin oder eine irdische Vertreterin war, — nahte und sie „erschütterte". Mit dem Erdbeben verbindet den Stier das Gebrüll. Der Kreter hört es häufig, wie Kazantzakis es bezeugt:

> „Oft wurde Megalo Kastro (Iraklion) in den Wurzeln erschüttert, ein Gebrüll (*mungrito*) liess sich von den Tiefen der Erde vernehmen, die Rinde der Erde knisterte, und die armen Menschen verloren den Kopf... "[3].

Ausser *po-se-da-o-ne* erscheint auch *e-ne-si-da-o-ne* „Erderschütterer" auf Tontafeln in Knossos und so darf man mit dem Mythos des erschütternden, stiergestaltigen Gatten in Kreta mindestens bis zu jener Zeit zurückgehen, in der Zeus schon da ist [4]. Für den Ursprung und Sinn des Opfers einer ganzen Hekatombe, wonach wir fragen, ergibt sich daraus nichts. Es bestand aber — so scheint es und so ist es in der Sache selbst begründet — ein grundsätzlicher Unterschied seit vorgriechischer Zeit zwischen der Opferung eines einzelnen Stieres und dem Massen-Stieropfer. Die erste war jene ambivalente Angelegenheit, bei der das Opfertier den Gott vertrat und die Opferer zugleich als Mörder und Sünder galten, wie bei dem Stieropfer für Dionysos [5] und den Buphonia in Athen [6]. Dieser Art des Opfers steht — selbst wenn wir nur theoretisch darüber nachdenken — die andere Möglichkeit gegenüber, bei der das Opfertier ein Gegenwert ist: Gegenwert des Opferers selbst und der Güter, auf die er verzichtet, um ihre Vermehrung zu erlangen. Die Verwirklichung dieser Möglichkeit ist die Darbringung einer Hekatombe.

---

[1]) Vgl. meinen *Dionysos*, I Kap. 3 (Zagreus).
[2]) Robert, a.O., S. 362, 3.
[3]) *Anaphora ston Greko*, Athen 1961, S. 84.
[4]) Vgl. S. 21.
[5]) Vgl. meinen *Dionysos* I Kap. 3 (Zagreus).
[6]) Vgl. Walter F. Otto, „Ein griechischer Kultmythos vom Ursprung der Pflugkultur", *Das Wort der Antike*, Stuttgart 1962, S. 140 ff.

Dafür spricht erstens die nackte Tatsache des Wertes von hundert oder gar mehrfach hundert Rindern. Denn 100 ist nur die Grundzahl. Bei Homer sind die *teleessai hekatombai*, die „vollkommenen Hekatomben" eine wiederkehrende Formel [1]). Soviel auserlesene Tiere werden nicht gern aus der eigenen Wirtschaft — ob eines Feudalherrn oder eines Staates — ohne einen besonderen Sinn hergegeben. Zweitens sprechen auch Angaben des griechischen Kalenders dafür, dass die Hekatombe eine besondere Verbindung zwischen Mensch und Gott darstellte — offenbar einem Gott mit ausserordentlich grosser Forderung. Diese Forderung wurde durch die Griechen nicht nur einer einzigen Gottheit gegenüber erfüllt. Im Kalender wird die Erfüllung als ein bedeutsamer Akt für sich durch Feste mit dem Namen *Hekatombaia* und einen Monat *Hekatombaion* bezeugt.

Es lebte in den Griechen — in Ioniern und Dorern gleicherweise [2]), also wohl in allen Hellenen — das Bedürfnis, jährlich mindestens einmal eine Hekatombe darzubringen. In Athen war der Monat *Hekatombaion* der erste des Jahres, nach dem Sommersolstitium, und hiess früher *Kronion*, Monat des Kronos [3]). Kronos, soweit er mit dem semitischen El gleich war [4]), hätte ein Gott von grossen Forderungen sein können. Für die Griechen der historischen Zeit war er der Gott einer Vergangenheit, die durch die Sklaven, die Nachkommen der unterdrückten Urbevölkerung, vertreten wurde. Daher waren die griechischen Kronia — wie auch die römischen Saturnalia — Feste, an denen die Diener Herren spielten und der Feier einen einzigartigen Charakter verliehen [5]). Das Opfer der hundert Rinder wurde in Athen in der historischen Zeit Apollon dargebracht [6]). Es war aber der Gott, der nach dem Opfer *Hekatombaios* hiess, nicht etwa das Opfer nach dem Gott! Die Priorität des Opfers dem Gott gegenüber, dem es in der historischen Zeit dargebracht wurde, wird durch die Armseligkeit des Ersatzes erwiesen, der manchmal für die hundert Rinder eintreten musste: etwa ein Stier und zehn Lämmer auf Mykonos [7]). Es ist genauer, wenn wir annehmen, dass das Bedürfnis sich — das

---

[1]) *Ilias* 2.306; *Od.* 17.59.
[2]) Vgl. M. P. Nilsson, *Griechische Feste*, Leipzig 1906, S. 174.
[3]) *Etym. magnum* 321, 4.
[4]) Vgl. oben S. 33.
[5]) Vgl. Ludwig Deubner, *Attische Feste*, Berlin 1932, S. 152 f. Das Fest war kein Erntefest, in diesem Monat ist man in Griechenland höchstens noch nach der Obsternte und das sagt Philochoros, Macrob. *Sat.* 1.10, 22 ausdrücklich, um seine falsche Deutung als Erntefest zu unterstützen.
[6]) *Etym. m.* 321, 5.
[7]) v. Prot-Ziehen, *Leges Graecorum sacrae* I, (Leipzig 1896) Nr. 4, 29/30.

Volk, den Stamm, das Geschlecht — durch die grösste Darbringung (sie wird durch die Grundzahl 100 ausgedrückt) zu sichern und den Zustand der Geborgenheit im göttlichen Schutz zu geniessen, bei den Griechen aus einer frühen Zeit erhielt und *weiterlebte.*

Das Opfer einer Hekatombe für Poseidon wird im dritten Gesang der Odyssee, dem „Besuch in Pylos" geschildert. Wenn die Darstellung Homers nicht geradezu aus einem älteren, mykenischen Epos stammt, — was nach dem archäologischen Befund im ausgegrabenen Nestor-Palast nicht ausgeschlossen ist [1] — so besitzt sie doch ihren historischen Wert. Geopfert werden neunmal neun Stiere, wodurch die Zahl 100 nur fast erreicht wird, obwohl das Opfer ausdrücklich Hekatombe heisst [2]. Der zu Grunde liegenden Neunzahl entspricht indessen die Zahl der von Pylos beherrschten Provinzen in der mykenischen Zeit auf der einen Seite der Bucht von Messene, wie sie auf den gefundenen Tontafeln aufgezählt werden [3]. Die sieben Provinzen auf der anderen Seite berücksichtigt Homer offenbar nicht, doch das vereinfachte Bild, das er bietet, ist nicht ohne Grund in den bezeugten Verhältnissen.

Es sind die Pylier, die am Anfang des dritten Gesanges der Odyssee das grosse Opfer veranstalten. Dass Poseidon, dem sie opfern, ihr Ahnherr ist, wird mit keinem Worte gesagt, Pylos aber sogleich als die „gut gegründete" — und daher auch wohnliche und kultivierte Stadt —, *euktimenon ptoliethron* — des Neleus genannt [4]. Neleus galt, mindestens seit Homer als ein Sohn des Poseidon, zur Zeit Homers lebte indessen noch die ältere Überlieferung, nach der der Vater des Gründerheros der Fluss Enipeus war [5]. Poseidons Eintreten in die Rolle des Ahnherrn — des *genethlios, genesios, patrigeneios,* wie er ausschliesslich in späten Quellen bezeichnet wird[6], wird im elften Gesang der Odyssee, in der Geschichte der Ahnfrau Tyro, der Mutter des Neleus und des Pelias, geschildert [7]. Homer hat eine besondere Sympathie für sie, ihr widmet er mehr Verse als den übrigen Müttern der Heroen in der Unterwelt, wahrscheinlich, weil er selbst seine

---

[1] Vgl. Kerényi, „Im Nestor-Palast bei Pylos", *Werke* II, S. 260-65.
[2] *Od.* 3.59.
[3] Vgl. Leonard R. Palmer, *Mycenaeans and Minoans*, London 1961, S. 83.
[4] *Od.* 3.4.
[5] Wahrscheinlicher der thessalische Enipeus als der elische. Die Liebschaft der Tyro, der Gattin des Kretheus, mit dem thessalischen Flussgott stand schon fest, als ihr Salmoneus zum Vater gegeben wurde, der am elischen Enipeus herrschte.
[6] Vgl. M. P. Nilsson, *Geschichte der griech. Religion* I, 1941, S. 423.
[7] *Od.* 11.235-252.

Urahne in ihr verehrte [1]). Wir erfahren, dass Poseidon ihr in der Gestalt des Enipeus nahte, da sie in den Flussgott verliebt war. Poseidon offenbarte sich ihr erst nach dem „Werk der Liebe". Diese Offenbarung darf historisch als sein Einzug in thessalische Genealogien gewertet werden [2]). Ob er in Pylos auch in dieser Eigenschaft verehrt wurde, folgt daraus nicht sicher; klar ist, dass er in Thessalien nicht seit jeher der grosse Ahnherr war.

Am pylischen Strand — so stellt Homer das Opfer und das Opfermahl dar — waren neun Plätze zum Sitz für je fünfhundert Männer bestimmt, die neun Stiere opfern und verspeisen, ohne die Teile, die verbrannt werden [3]). Es sind die Leute des Nestor, seine Söhne und Genossen: das Volk, das sich mit der Hekatombe dem Gott darbietet. Zum Bild gehört das Meer und die schwarze Farbe der Stiere, die Poseidon geopfert werden. Homer nennt ihn, um den Zusammenhang zu betonen, den „bläulich gelockten Erderschütterer, *Enosichthon kyanochaites*" [4]). Eine Hekatombe für Zeus, Hera oder Apollon bestand aus weissen Tieren. Das grosse Opfer wurde Poseidon angepasst, gewiss nicht erst von Homer, es wird aber hier zum ersten Mal bezeugt, dass ihm eine Hekatombe zukam, wie jenen [5]). Wir erinnern uns, dass es Homer war, der den Gott als einen schilderte, der sich seiner Verehrung nicht so sicher fühlte, wie Zeus [6]). Pylos ist der geeignete Ort, den vorhomerischen Zustand des Poseidonkultes und einen weiteren Bezug des Gottes uns konkret zu vergegenwärtigen, der in seinem Namen eingeschlossen war: seine Zugehörigkeit zu einer engeren Kultgemeinschaft, ehe er seine panhellenische Geltung erhielt.

Von einer relativ hervorragenden Stellung Poseidons in den kurzen

---

[1]) Nach der Tradition, die sich in seiner dem Herodot zugeschriebenen Vita erhielt, hiess Homers Mutter Kretheis, ein Nachkomme des Kretheus. Ihre Liebschaft mit dem Fluss Meles spiegelt die Liebschaft der Tyro mit dem Fluss Enipeus wieder.

[2]) Robert, a.O., S. 39 sieht in der Homerischen Erzählung schon „die Umgestaltung der ältesten Sagenform", und nimmt S. 53 an, dass Poseidons Vaterrolle in der Familie des Aiolos erst bei den nach Kleinasien ausgewanderten Aiolern entstand, nicht in Thessalien: wohl mit Recht. Der Tauromorphismus dringt aber noch in der Geschichte der Tochter des Aiolos *Melanippe*, „die schwarze Stute" durch. Nach Euripides in der „Weisen Melanippe" wachte ein Stier über die Zwillinge Aiolos und Boiotos, die sie dem Poseidon gebar, und eine Kuh säugte die Säuglinge, vgl. meine *Heroen*, S. 81 (dtv 397, S.62).

[3]) *Od.* 3.74-9.

[4]) *Od.* 3.5-6.

[5]) An Apollon *Ilias* 1. 315/6; an die Götter überhaupt *Ilias* 7.450.

[6]) Vgl. oben S. 54.

Eintragungen des Nestor-Palastes, etwa 400 Jahre früher als Homer seine grosse Historienmalerei entwarf, darf man wohl reden, doch muss man sie richtig einschätzen. Wir verdanken die Tontafeln dem Feuer, das sie zufällig hart gebrannt hatte. Ihr Inhalt deckt offenbar nur eine kurze Zeitspanne des Jahres, wahrscheinlich nur einen Monat, nach welchem der Palast vernichtet wurde und ausbrannte. Der Name des Monates mag *Plowistos* gewesen sein, wie *po-ro-wi-to-jo* auf der wichtigsten Tafel gelesen wurde [1]): Name des ersten Frühlingsmonates, in dem die Schiffahrt wieder begann. Dieser Monat hätte auch dem Poseidon besonders geweiht sein können, doch so verhielt es sich nicht. Es ist bezeichnend, dass die Eintragungen auf den Tafeln, die offensichtlich zusammengehören, ihn fast ausnahmslos in einer Kultgemeinschaft mit anderen Gottheiten nennen und ausschlaggebend wohl, dass einmal ein anderer Monatsname vor seiner Erwähnung erscheint: *pa-ki-ja-ni-jo-jo me-no po-se-da-o-ne* [2]). Poseidon wurde für sich vorher oder nachher gefeiert.

Die vor Poseidon in Kultgemeinschaft mit ihm genannten Gottheiten sind in den Dokumenten aus dem letzten Monat des Nestor-Palastes Göttinnen. Das wichtigste ist jenes Dokument [3]), in dem auf den Monatsnamen *po-ro-wi-to-jo* die Darbringungen an *po-ti-ni-ja*, die Göttin „Herrin", *Potnia*, folgen. Wenn der Monat einer grossen Gottheit gehörte, war es sie, die nicht genannt, sondern mit ihrem hohen göttlichen Rang als die „Herrin" bezeichnet wird. Die Übereinstimmung zwischen sehr archaischen arkadischen Kulten und den pylischen Begehungen dieses Monates ist Grund genug, um den Zusammenhang anzunehmen und ihn bei der Erklärung vom ersten Augenblick an zu berücksichtigen [4]). Eine falsche Annahme wäre — und war es in der Forschung —, die Bezeichnung *Potnia* der mykenischen Dokumente, darüber hinaus, dass sie die Herrin eines bestimmten Gebietes bedeutete, für völlig inhaltlos zu halten, anstatt an einen Inhalt zu denken, der nicht leicht auszusprechen war. Dagegen, dass man den Inhalt und den eigentlichen Namen nennt, gab es in den frühen Zeiten sicher nicht mindere religiöse Hindernisse als in den späten. Die arkadische Parallele ist die grosse Göttin von Lykosura, die nur als die „Herrin" — *Despoina*, ein mit *Potnia* gleich-

---

[1]) Tn. 316; *Docs.* p. 286/7; L. R. Palmer, *The Interpretation of Mycenaean Greek Texts*, Oxford 1963, S. 261 f.; die falschen Interpretationen werden nicht wiederholt.

[2]) Fr. 1224.

[3]) Oben Anm. 1.

[4]) Groberweise bei Palmer, *Mycenaeans and Minoans*, S. 123.

bedeutendes Wort — erwähnt wird. „Ich fürchte mich" — sagt
Pausanias [1]) — „den Namen der Despoina für Uneingeweihte zu
schreiben."

Die Grösse der „Herrin" dieses wichtigsten pylischen Kultdokumentes ist daran zu ermessen, welche Namen nach ihr folgen:
in engerer Verbindung zunächst zwei Göttinnen, *ma-na-sa* und
po-si-da-e-ja. Göttinnen bilden auf griechischem Gebiet oft genug
Dreiheiten [2]) häufiger noch als Zweiheiten, die sowohl in Pylos, als
auch in Arkadien bezeugt sind. Der Mysterienkult von Lykosura ist
ebenso wie der von Eleusis an eine Zweiheit von Göttinnen gerichtet. Die eine ist in Eleusis Persephone, in Lykosura die Despoina, die
andere die Mutter: Demeter an beiden Mysterienorten. Nur steht
Demeter in Arkadien in engster Verbindung mit Poseidon, der sie
begattet. Im Mysterientempel von Lykosura wurden dennoch drei
Göttinnen verehrt und dargestellt: ausser der Despoina und Demeter
auch Artemis.[3]) Pausanias verstand die Dreiheit so, dass Artemis
ebenfalls als Tochter der Demeter gelten konnte [4]). Poseidon besass
in Lykosura als Hippios und Vater der Despoina einen Altar [5]).
Wenn er zudem als „Vater" vor den Propyläen des Mysterienheilig-
tums von Eleusis einen Tempel zusammen mit der Artemis Propylaia
erhielt [6]), so sollte an seine Vaterwürde sicher bewusst in Übereinstimmung mit den arkadischen Mysterien erinnert werden [7]).

In der Göttinnendreiheit *po-ti-ni-ja*, *ma-na-sa*, *po-si-da-e-ja* ist die
Dreiheit von Lykosura plus Poseidon im Prinzip enthalten. In
ma-na-sa dürfen wir wahrscheinlich eine *Mnasa*, Mnemosyne in
mykenischer Form, erblicken, in der Beziehung zur „Herrin" und
zur *Posidaeia*, der „Poseidon-Gattin", diejenige Göttin, die — wie
Artemis in Lykosura — die dritte Figur in einer das All beherrschen-
den weiblichen Gottheit bildet. Die dreieinige Allgöttin brauchen
wir nicht zu erfinden. Hesiod schildert sie als die grosse, an allen drei
Bereichen der Welt teilhabende Hekate [8]), eine grosse böotische Vase
aus dem 7. Jh. zeigt sie mit Tieren der Luft, der Erde und des Wassers,
welche die Bereiche vertreten und zudem noch mit abgeschnittenen

---

[1]) VIII.37.9.
[2]) Vgl. meine *Niobe*, Zürich 1949, S. 29-31.
[3]) Paus. VIII.37.4.
[4]) VIII.37.6.
[5]) Paus. VIII.37.10.
[6]) Paus. I.38.6.
[7]) Vgl. Kerényi, *Eleusis*, S. 70.
[8]) *Theogonia* 413 ff.

Gliedmassen von Opfertieren [1]). Der Despoina von Lykosura opferte man auf solche grausame Weise in Griechenland [2]). Poseidon ist nicht der ganzen Dreiheit zugeordnet, er dient ihr aber, soweit sie sich, zur eigenen Vollkommenheit, einem Begatter ergibt. Dass er auch der „Vater" ist, wie in Lykosura und in Eleusis, ist in dieser Vierheit noch nicht gegeben. Unmittelbar nachher sind die Geschenke an den „Ahnherrn", *ti-ri-se-ro-e*, den *Trisheros*, und den „Herrn des Hauses", *do-po-ta*, den *Dospotas* eingetragen.

Die dargebrachten Weihgeschenke waren: an die Potnia eine goldene Trinkschale und eine Frau, an die Mnasa und die Poseidaeia je ein goldener Napf und eine Frau, dem Trisheros und dem Despotes (so ist die bekannte Vokalisation) je ein goldener Napf. Auf der Rückseite der Tafel folgen die Geschenke, die in Pylos selbst dargebracht wurden, nicht ausserhalb, *pa-ki-ja-si*, wie es auf der Vorderseite steht. In der Stadt befanden sich die Heiligtümer, in die man die folgenden Geschenke brachte, an erster Stelle in das *po-si-da-i-jo*, das Poseidaion, das sogar mehrere, dort zuständige Bewohner hatte [3]). Die Geschenke sind von der grössten Bedeutung, wenn man sie richtig versteht.

Nur das Poseidaion, das Poseidon-Heiligtum wird genannt, nicht der Gott selbst, wie vorhin die drei Göttinnen, der Ahnherr und der Despotes. In das Heiligtum brachte man eine goldene Trinkschale — also ein Gefäss vom gleichen Rang, wie das für die Potnia — und zwei Frauen. Männliche Gottheiten erhalten sonst, und auch auf dieser Tafel, männliche Diener. Die zwei Frauen werden näher bezeichnet als *qo-wi-ja* und *ko-ma-we-te-ja*.[4]) Das erste Wort — wahrscheinlich in Mehrzahl: *qowijai* — muss als Kuh-oder Stierhirtin übersetzt werden, das zweite — *komawentjai* — als *komaessai*, „langhaarige". Es war im Mysteriumheiligtum von Lykosura vorgeschrieben, dass die Frauen nur mit heruntergelassenem Haar eintreten durften [5]). Hirtinnen mit heruntergelassenem Haar erhielt Poseidon in seinem Heiligtum, wo er selbst vielleicht nicht, doch wahrscheinlich ein heiliger Stier seinerstatt zugegen war.

Dass für die Pylier Gott und Stier identisch waren, ist nicht an-

---

[1]) Bei Nilsson, a.O., Taf. 30, 3; vgl. S. 257 und 287; in meiner *Mythologie*, Abb. 4.

[2]) Paus VIII.37.8.

[3]) Fn 187.18.

[4]) Palmer bezieht sie fälschlich auf das vor den Frauen angegebene Gefäss und interpretiert sie falsch S. 362.

[5]) *Inscr. Gr.* V.2, 514.

zunehmen. Auf einer anderen Tafel [1]) wird ein *lectisternium (lechestro-terion)* für Poseidon eingetragen: *po-se-da-o-ne re-ke-to-ro-te-ri-jo*. Ein Lager wurde für ihn, wie für einen Menschen und nicht wie für einen Stier vorbereitet. Er war der göttliche Gatte in menschlicher Gestalt nicht weniger als in Stiergestalt. Ein *lectisternium* setzt den Anthropomorphismus voraus, hier neben dem Tauromorphismus, der nicht die göttliche Verehrung des Stieres bedeutet, nur dessen Pflege zu Ehren Poseidons. Ja, wir werden beinahe schon zu Zeugen des Symbolwechsels in Pylos. Es ist natürlich, wenn jemand, der einen Hengst hält, wie es auf einer Tafel zu lesen ist, einen besonderen Anteil an Land hat [2]). Der Begatter der Stuten, nur als *i-qo, hippos*, „der Hengst" angegeben [3]), erhält selbst eine besondere Ration von aromatischem *kypeiros* oder *kypeiron,* einem Lieblingsgras der weidenden Tiere in der homerischen Dichtung [4]). Der Hengst wurde deswegen noch nicht als Gott gehalten[5]), doch er wurde bald zur vornehmlichen Erscheinungsform des Poseidon.

Im besprochenen Kultdokument folgen die Geschenke, die in den Heiligtümern wiederum dreier Göttinnen — je ein goldener Napf und eine Frau — und des Hermes — eine goldene Schale und ein Mann — ausdrücklich diesen dargebracht werden. Die mit Hermes verbundene Dreiheit scheint einen bescheideneren Rang etwa den attischer Nymphen entsprechend zu haben: in ihr wurde auch *di-u-ja*, die frühere Zeusfrau untergebracht[6]). Wenn aber nachher noch Zeus und Hera und ein Sohn des Zeus [7]), alle drei mit goldenen Trinkschalen, die Götter mit Männern, Hera mit einer Frau beschenkt werden, so ist das sicher nicht so zu deuten, als blieben sie an Rang hinter all den vorher Beschenkten zurück! Es war vielmehr so, dass man an einem Fest der Potnia und ihrer Gefolge Götter von so hohem Rang wie Zeus und Hera und einen Zeus-Sohn nicht ganz vergessen durfte. Es wurde an sie erinnert auch in einem Monat, der ganz und gar nicht ihnen gehörte.

---

[1]) Fr. 343 plus 1213.

[2]) PY Eq 59.5; richtig interpretiert in *Docs*. p. 260.

[3]) PY Fa 16. Wäre ein dämonisches Wesen gemeint, so käme ein Silen in Betracht: *si-ra-no* ist Eigenname KN U 466.1. Ein Hengst soll über das Meer transportiert werden auf einem Siegel in Knossos, abgebildet bei Palmer, *Mycenaeans and Minoans* S. 195.

[4]) Hom. *Hymn. in Merc.* 107; *Ilias* 21.351, *Od.* 4.603 „eaten by horses" (Liddell-Scott).

[5]) Dies wird auf Grund eines Einfalls von Wilamowitz angenommen, oben S. 58, Anm. 1.

[6]) Oben S. 23, Anm. 5.

[7]) Oben S. 23.

Nicht in allen Dokumenten steht die der arkadischen Despoina entsprechende Potnia als die grosse Göttin des Monates so ausdrücklich im Vordergrund, wie in dem eben behandelten. Die Toten, als *di-pi-si-jo, dipsioi*, „die Durstigen" bezeichnet, konnten mit ihr, wie es eine Tafel bezeugt [1]), eng verbunden sein. Die Despoina hatte zwar einen eigenen, geheimen Namen, Pausanias lässt aber durchscheinen, dass sie mit der grossen Unterweltsgöttin in den Eleusinischen Mysterien, Persephone gewissermassen gleichgesetzt werden durfte [2]). Der Wein, der mit dem Namen des Dionysos gekennzeichnet — *di-wo-nu-so-jo* in Genitivus partitivus [3]) — in den Palast gebracht wurde, war aller Wahrscheinlichkeit nach für die durstigen Toten, die in Attika im gleichen Monat am Tag der *Pithoigia* die geöffneten tönernen Weinbehälter, die *pithoi*, umschwärmten [4]). Das *me-tu-wo ne-wo*, der neue Wein, wurde mit einer „Göttlichen Mutter" — *ma-te-re te-i-ja, Matri Theia*, zusammen gefeiert [5]), eine Bezeichnung, die auf die Poseidaeia in ihrer Eigenschaft als Demeter, bezogen werden könnte, wenn es sicher wäre, dass in diesem Monat nicht noch an eine andere Mutter, etwa in bezug auf den Wein, gedacht werden konnte.

Zu bedenken ist die Gleichzeitigkeit des besprochenen, ausführlichen Kultdokumentes und der kurzen Eintragungen von Ölabgaben an Götter im gleichen Monat. Das ausführliche Kultdokument nannte den Monat *po-ro-wi-to* aber keinen Festnamen. Eine kurze Eintragung fügt zu diesem Monatsnamen den Festnamen *wa-na-se-wi-ja*, „Fest der Wanassa (der Herrin)" hinzu. Das Fest könnte das uns schon bekannte Fest der Potnia (der Herrin) sein, wenn jetzt nicht eine andere Nomenklatur auftreten würde, welche die gleiche Bedeutung nicht ausschliesst. Es tritt auch der Dual mit *wa-na-so-i, Wanassoiin*, „Der Zwei Herrinnen" auf, wie bei den „Zwei Göttinnen" — *to theo* — in Eleusis. Dieser Gebrauch des Dualis stimmt überhaupt nur mit der Mysteriensprache von Eleusis überein. Mit den arkadischen Mysterien besteht eine sachliche Übereinstimmung: auch dort bezieht sich der Mysterienkult auf zwei Göttinnen, sie wurden aber sowohl in

---

[1]) Fr. 1240, vgl. 1232; richtig interpretiert von W. C. Guthrie und Palmer, *Interpretation* S. 252 f.

[2]) VIII.37.9.

[3]) Kerényi, „Möglicher Sinn von *di-wo-nu-so-jo* und *da-da-re-jo-de*", *Atti e memorie del 1. Congr. Int. di Micenologia*, Rom 1968, 1, S. 1021-23.

[4]) Vgl. meinen *Dionysos*, I Kap. 3 (Dionysische Namen).

[5]) Fr 1202.

Lykosura, als auch im ausführlichen Kultdokument in Pylos zu einer
Dreiheit ergänzt. Ebendies schliesst es nicht aus, dass das *wa-na-so-i*
der kleinen Eintragungen die Potnia und die Posidaeia meint. Poseidon wird dazu auch mit Namen genannt [1]): *wa-na-so-i po-se-da-o-ne*,
„Den Zwei Herrinnen, dem Poseidon".

Die wahrscheinlichste Annahme ist, dass in den kurzen Eintragungen und im längeren Dokument von den gleichen Gottheiten in zwei
Sprachen gesprochen wird: in der Sprache eines öffentlichen Festes
(im längeren Dokument) und in der Sprache, die in Bezug auf einen
Mysterienkult gebraucht wird. Die von der Wurzel *wanak-* abgeleitete
Nomenklatur blieb im Griechischen darin erhalten, dass das Aller-
heiligste eines Mysterienkultes in Eleusis und in Samothrake *anaktoron*
genannt wurde [2]). Öffentliche und geheimere Riten der gleichen Gottheiten waren möglich [3]) und sie sind in diesem Fall anzunehmen. Jede
andere Annahme wäre eine unnötige Häufung der Hypothesen: man
müsste die Gottheiten des Monates fast verdoppeln. Poseidon selbst
heisst in Korinth — der Name der Stadt kommt in den Dokumenten
vor [4]) — auf Votiven aus der archaischen Zeit *Poseidon Vanax* [5]). Es
ist am wahrscheinlichsten, dass Eintragungen, wie *wa-na-so-i wa-na-ka-
te*, „Den Zwei Herrinnen, dem Herrn" und *wa-na-ka-te wa-na-so-i* [6])
ihn meinen. Eine zweite Eintragung nach der ersten der eben zitierten
lautet: *wa-na-so-i po-ti-ni-ja*. Sie darf wohl als zum Teil tautologisch
gelten. Zwischen *wanassa* und *potnia* gibt es kaum einen Bedeutungs-
unterschied. Der Unterschied bestand offenbar darin, dass *potnia* eine
allgemeinere Geltung hatte, genau so, wie *despoina*. Die tautologische
Eintragung liess sie als die grössere Göttin der Kultgemeinschaft
hervorspringen. Es ist die Übersetzung erlaubt: „Den Zwei Herrinnen, der Grossen Herrin." Wurde mit Potnia eine andere Göttin gemeint, als ebendiese Grosse Herrin von Pylos — oder sie selbst an
einem anderen Ort — so war eine nähere Bestimmung notwendig:
hier genügte die Angabe der Kultgemeinschaft.

Die Bedeutung der geographischen Bestimmung wurde schrecklich
übertrieben und dies wäre hier das Unvernünftigste, da man damit das
Undurchsichtigste in den Vordergrund stellte. So im unklaren

---

[1]) Fr 1219.
[2]) Kerényi, *Eleusis* S. 88 ff.; „Varro über Samothrake und Ambrakia", *Studi in
onore di G. Funaioli*, Rom 1955, S. 161 f.; *Werke* II, S. 151.
[3]) Vgl. meinen *Dionysos*, I Kap. 3 (Zagreus).
[4]) Als *ko-ri-to* PY Ad 921.
[5]) Insc. Gr. IV 210.
[6]) Fr 1235 und 1227.

Kompositum *u-po-jo-po-ti-ni-ja* [1]). Ganz klar ist hingegen *a-ta-na-po-*
ti-ni-ja in Knossos, *po-ti-ni-ja a-si-wi-ja* und *po-ti-ni-ja i-qe-ja* in Pylos [2]).
Die Göttin Athene ist gemeint, von der der Athener in Platons
„Gesetzen" sagt, sie sei in der nach ihr genannten Stadt [3]) die „*Kore*
(Persephone) *und Despoina*" [4]), und die auf dem Kolonos Hippios
mit Poseidon Hippios als Athena Hippia verehrt wurde [5]). In Knossos
wird der Name der Göttin mit Potnia in einem Wort — wie *De-*
meter — verbunden bezeugt. Dies ist eine feste Tatsache, die zu be-
zweifeln die reinste Torheit wäre. Die *po-ti-ni-ja a-si-wi-ja* wird im
südlichen Lakonien als *Athena Asia* belegt [6]). Die *po-ti-ni-ja i-qe-ja*
kann nur eine *Athena Hippia* sein: ein Beweis dafür, dass diese zweite
Potnia der Pylier die Verbindung mit dem neuen Symboltier noch
früher einging, als Poseidon selbst.

Poseidon erhielt seinen Namen von der Verbindung des Gottes
mit einer Göttin. Diese Verbindung war in Pylos um 1200 v. Chr. in
der Form einer Kultgemeinschaft vorhanden: einer Kultgemeinschaft
mit einer anderen Herrin als Athene, die die Beschützerin der patriarchalen Familie war [7]). Es wurde mindestens der kultische Rahmen
sichtbar — vielleicht auch ein mystischer, nicht nur ein öffentlicher —
in dem seine mythische Gattenrolle bei einer grossen Göttin ver-
gegenwärtigt und gefeiert wurde. Wurde in seinem heiligen Bezirk,
im Poseidaion von Pylos, ein Stier gehalten, was sehr wahrscheinlich
ist, so wurde diese Rolle durch das Tier angedeutet. Nicht so klar und
sicher zu erfassen, wie die Gattenrolle, war Poseidons Vaterrolle.
Der Übergang vom Stier zum Hengst als Ausdrucksform des gleichen
mythischen Gehaltes hatte sich noch nicht soweit vollzogen, dass wir
den späteren Hippomorphismus bei Poseidon schon in Pylos sicher
feststellen könnten. Festzustellen war die Voraussetzung des Überganges: die Schätzung des Hengstes. Es ist durchaus möglich, dass
Hengstgestalt und poseidonische Vaterwürde das Ergebnis der
gleichen *allgemeinen Verwandlung* waren: der Einführung der Pferdezucht und der vaterrechtlichen Familienordnung.

---

[1]) Fn 188.8.
[2]) KN V 52, PY Fr 1206, PY An 1281.1.
[3]) Das Grundwort, von dem der Name der Stadt *Athenai* gebildet wurde, ist der
Name der Göttin *Athene*, vgl. W. Fauth „Athena", *Der Kleine Pauly* I, S. 681.
[4]) 796 B ἡ παρ' ἡμῖν Κόρη καὶ Δέσποινα.
[5]) Paus. 1.30.4.
[6]) Paus. III.24.7.
[7]) Vgl. Kerényi, „Die Jungfrau und Mutter der griechischen Religion", *Albae*
Vigiliae N.F. XII, Zürich 1952, S. 19 ff.

Dies geschah zwischen 1200 und der homerischen Historienmalerei. Poseidons Machtbereich erweiterte sich und umfasste das Meer, wie Zeus mit seinem potentiell überall gegenwärtigen Aufleuchten die ganze griechische Welt erfasste. Die Verbreitung der Verehrung Poseidons ging — dies sei nur tastend und versuchsweise, auf Grund der beschränkten Übersicht angegeben — von dem Kreis aus, den man um Kreta und die südliche Peloponnes ziehen könnte. Korinth, in den pylischen Dokumenten erwähnt [1]), die Stadt mit zwei Häfen, lag auf einer Linie der Ausstrahlungen auf allen Seewegen. Nach dem Zeugnis der Votive des erwähnten alten Kultes, in dem Poseidon noch *Vanax* hiess, bestand da seine Kultgemeinschaft mit Amphitrite, ob die Hochzeiten, die er mit ihr am griechischen Meer überall feiern sollte, von dort ausgingen oder nicht. Amphitrite ist für Homer die weibliche göttliche Anredeform des Meeres selbst: sie hat die Wellen und nährt die wunderlichen Tiere der Tiefen [2]).

Auf dem menschlichen Pol der Poseidonverehrung standen da die Seefahrer und die Fischer, deren Jagdzeug, der Dreizack, in seine Hand gelangen sollte. Die Verbreitung erfolgte auf dem Festlande bei den Bauern, bei denen die Pferdezucht vom Nordosten her gerade durchdrang. Es war eine Besitzergreifung der weiten Länder, in denen sich das Griechentum dem Boden zugewandt konstituierte. Nach der Peloponnes, von der ein griechischer Historiker schrieb [3]), sie sei in alten Zeiten der Wohnsitz des Poseidon gewesen, durfte es auch von Böotien behauptet werden, es sei ganz sein heiliges Land [4]). Thessalien, wo sich das kretische Spiel des Stierfanges auf rein griechischem Gebiet am längsten erhielt, bildete den weitesten Schauplatz des Überganges des Tauromorphismus in den Hippomorphismus im Kult des Erderschütterers [5]).

Die Berge Arkadiens, vor allem das Lykaion, waren eher der Schauplatz des Rückzuges und das Reservationsgebiet alter Kulte. In Lykosura erhielt sich die Verehrung des Poseidon Hippios in Verbindung mit dem Mysterienkult der Despoina [6]). Eine gegen-

---

[1]) Oben S. 71, Anm. 4.
[2]) Od. 3.91; 5.422.
[3]) Diodor XV 49,4, nach Ephoros.
[4]) *Et. m.* 547.
[5]) Die Belege, die Paula Philippson, a.O., 25 ff. vom thessalischen Kult sammelte, sind von diesem Gesichtspunkt aus zu verstehen. Ein „Zeus Posidan" existierte in Thessalien nicht, ein Zenoposeidon, mit dem einheimischen Namen Osogos, war ein kleinasiatischer Gott in Karien, vgl. Farnell, a.O., I, S. 149, 41.
[6]) Vgl. oben S. 67.

seitige Angleichung, wahrscheinlich nur Wiedererkennung, zwischen diesem Kult und der Verehrung der Eleusinischen Göttinnen hat nicht nur da, sondern auch im noch entlegeneren Tal des Ladon, nördlich vom Alpheios, in Thelpusa, stattgefunden. Dort begegnen wir dem Mythos von der Vereinigung des Poseidon mit der Göttin, die ihm als ihrem Gatten ursprünglich übergeordnet war, in voller hippomorpher Fassung. Der Mythos vom Raub der Persephone wird in der Erzählung, die uns Pausanias überliefert [1]), auch berücksichtigt. Die zwei Mythen, der arkadische von Demeter und der eleusinische von ihrer Tochter gehören sicher ihrem Sinne nach zusammen: in beiden wird die Geburt eines geheimnisvollen Kindes auf einen dunklen, aggressiven Vater zurückgeführt. Demeter befand sich, nach dem Mythos von Thelpusa, schon auf der Suche nach ihrer geraubten Tochter, als Poseidon sie mit Liebesverlangen zu verfolgen begann. Die Göttin verwandelte sich in eine Stute und mischte sich unter die weidenden Rosse des Königs Onkios. Poseidon merkte den Trug und vereinigte sich mit Demeter in Hengstgestalt. Sie gebar ihm eine Tochter, deren Namen den in die Mysterien Nicht-eingeweihten zu nennen verboten war, und den Hengst Arion. Der gleiche Mythos von Poseidon und Demeter wurde nach Pausanias auch in Phigalia, südlich vom Lykaion erzählt, mit dem einzigen Unterschied, dass Demeter da nur eine Tochter, kein Pferd gebar: die Göttin, die bei den Arkadern Despoina hiess [2]).

Die Mythen, die zu den arkadischen Mysterien in einer ähnlichen Beziehung standen, wie der Mythos vom Raub der Persephone zu den Eleusinischen Mysterien, d.h. für die Öffentlichkeit bestimmt waren und das Mysteriengeschehen im voraus erklärten — diese Mythen geben den Bezug an, in welchem Poseidon den Kultnamen „Vater" erhielt. Seiner Vaterrolle gegenüber besass die Gattenrolle die Priorität. Diese Rolle wird im mykenischen Namen des Gottes ausgesprochen und gehört sicher zum Kern seines mykenischen Mythos. Die arkadischen Mythen und Kulte fügen keinen weiteren Zug zu Poseidons Gattenrolle hinzu, doch zu seinem Gattenbild. Das Bild ist — mit einem Ausdruck der Ethnologie — das Bild eines exogamen Gatten, des Gatten, der von aussen her, ursprünglich ein Fremder, in die mutterrechtliche Familie eindringt und eingelassen wird. Ein Altar des Poseidon Hippios stand oberhalb des Mysterien-

---

[1]) VIII.25.5; vgl. meine *Mythologie* S. 182 (dtv. 392 S. 147).
[2]) VIII.42.1.

heiligtums von Lykosura und des heiligen Haines der Despoina [1]).
Vor der arkadischen Stadt Megalopolis, wo die zwei Göttinnen ihren
Mysterienkult unter dem Namen Grosse Göttinnen hatten [2]), besass
Poseidon mit dem Beinamen *Epoptes* einen Tempel [3]), als eingeweihter
Zuschauer — das bedeutet doch *epoptes* in Eleusis —, jedenfalls als
einer, der von aussen her zum Mysterienfest kam. Als Verfolger der
Göttinmutter musste er auch ausserhalb des heiligen Bezirkes lauern,
ehe er zu ihrem Gatten wurde [4]).

Der Darsteller der Mythologie der Griechen muss von Poseidon
als dem ungestümen Gatten nicht bloss der Amphitrite, sondern vieler
Nereiden, Naiaden und Heroinen reden, dem Vater von zahlreichen
Söhnen, die in der Heroensage ihre Rolle spielten [5]). Sein Vaterbild
ist ein dunkles Vaterbild, das ein animalisches Gattenbild in sich
schliesst. Kein bestialisches, aber auch kein höheres, geschweige denn
geistiges. Zeus' Vaterbild hebt sich davon in der Richtung nach dem
Höheren und Geistigen ab. Seine zwischen dem Natürlichen und dem
Übernatürlichen schwebende Qualität war darin gewissermassen
vorgegeben, dass die Frauen in der mutterrechtlichen Ordnung, die
ihrer Natur am tiefsten angepasst war, ihre Kinder nicht vom leiblichen, dem poseidonischen Gatten erwarteten, sondern von einem
grösseren Umkreis um sie, zu dem ausser der Natur auch die Ahnen-
geister gehörten. Nur Vaterbild ist aber das Zeusbild nicht. Mit
archetypischem Inhalt füllt es sich aus zwei Quellen: aus jenem Bild
des patriarchalen Vaters, das wir durch die Olympische Götterfamilie
schon kennen gelernt haben, und aus einem Gattenbild, das sich aus
seiner Verbindung mit Hera ergibt. Die Beschäftigung mit Poseidon
sollte uns vorbereitet haben, um *Zeus Heraios*, Zeus den Gatten,
ebenfalls differenziert zu sehen.

---

[1]) Oben S. 67, Anm. 5.

[2]) Paus. VIII.31.1.

[3]) Paus. VIII.30.1.

[4]) Ein tauromorpher, exogamer göttlicher Gatte war auf dem Festlande, ausser
Poseidon, Acheloos, ursprünglich sicher ein grösserer Gott als nur ein Flussgott
in Westgriechenland, vgl. Hans Peter Isler, *Acheloos*, Bern 1970, S. 109 ff. Der
Verfasser der Monographie merkte schon, dass Acheloos einer Heroine nicht-
immer antipathisch ist (S. 117 zu Nr. 292). Acheloos ist aber kein Ahn von Heroen-
familien. Daraus folgt, dass man seine Gestalt als Rudiment aus mutterrechtlichen
Verhältnissen aufzufassen hat.

[5]) Vgl. meine *Mythologie* S. 184 (dtv. 392 S. 149).

KAPITEL V

ZEUS, DER BRUDERGATTE

Der höchste Gott der Griechen, das Ereignis, das um so gegenwärtiger wurde, je plötzlicher es durch eine Dunkelheit brach — Dunkelheit des Himmels, Dunkelheiten der chaotischen Ereignisse unter Menschen —, je mehr es das Beiwort *phanaios*, der „als Licht Erscheinende und Licht Bringende" [1]) verdiente, nahm früh ein Vaterbild an. Doch weder durch sein Vaterbild, noch durch die patriarchalische Vaterrolle in der Olympischen Götterfamilie wurde er ganz erfasst. Er war sublimer als jener Vater, ohne dass er aus dem „Vater" sublimiert worden wäre. Ein aus dem „Vater" sublimierter „allmächtiger Gott" war er erst recht nicht. Aus seiner Vaterrolle wurde nur eine grössere Macht über Götter und Menschen abgeleitet, als die irgendeiner anderer Gottheit war. Durch diese Rolle wurde seine Macht, die dem *phanaios* ohnehin eigen war, in einer bestimmten Richtung konkretisiert: in der moralischen. In der Natur wurde seine Macht durch den Blitz konkretisiert, als welcher er einschlug, und daher *Kataibates*, „der Heruntersteigende", der *Kappotas*, „der Herabfallende" oder geradezu „der Blitz", *keraunos*, genannt wurde [2]). Doch ein historischer Traum zeigt uns, wie auch in diesem Fall die Lichterscheinung vorherrschend war: der Traum des Xenophon, der ihn veranlasste, die Führung der Griechen zu übernehmen [3]): es träumte ihm, dass ein Blitz mit grossem Donner in sein väterliches Haus fiel, und dass es dadurch ganz in Licht eingetaucht erschien. Das Licht erklärte er spontan und unmittelbar, als die Rettung, die von Zeus kommt, es war ihm aber auch das Zeichen königlicher Macht. Absolute Gleichsetzung, im Sinne, dass Zeus *ganz* Blitz gewesen wäre, wurde nie erwiesen. Diese Möglichkeit wird durch den Namen Zeus ausgeschlossen.

---

[1]) Σύ μοι Ζεὺς ὁ φαναῖος, in der Euripides zugeschriebenen, vielleicht aber erst aus dem 4. Jh. stammenden Tragödie *Rhesos* 355.

[2]) Vgl. Hermann Usener, „Keraunos", *Kleine Schriften* IV (1913), S. 471 ff.

[3]) Xenophon, *Anabasis* III 1, 11 f. In einem anderen historischen Traum ist das Feuer, das Blitze entzündet, vorherrschend: Plutarch, *Pyrrhus* XXIX; dieser Traum ist nicht von guter Vorbedeutung, wie der von Xenophon. Die Blitzschläge spielten eine Rolle im Leben der Griechen, da sie keinen Schutz gegen sie wussten. Sie waren als „Zeichen des Zeus" aufgefasst, vgl. Cook, *Zeus* II 4 ff. — doch nicht unbedingt und in jedem Fall, vgl. Artemidor, *Oniricriticon* II 9.

Auch in seiner Gattenrolle war Zeus nie völlig erfasst: nie war der höchste Gott der Griechen für sie nur *posis Heras* [1]). In dieser Rolle selbst lag vielmehr eine Begrenztheit. Ehe in die Korrelation, die Zeus und die Griechen verband, Hera auf der göttlichen Seite aufgenommen wurde, gehörte zu ihm eine Göttin, auch sprachlich mit ihm verbunden, eine *di-wi-ja* [2]). Solche Ergänzung war von seinen Verehrern offenbar gefordert, da sie nur so eine Ganzheit auf der höchsten Stelle über sich zu sehen vermochten. Diese Forderung darf archetypisch genannt werden. Sie war menschlich und führt uns zu einem imaginären *i*, wiederum zum „Archetyp Gatten", wie im Fall des Poseidon [3]), doch nicht zu einem einzigen Archetyp, sondern auch zum Archetyp des „Paares", dessen zwei Bestandteile sich zueinander wie die Hälften einer Einheit verhalten. Diese ganz enge Verbindung kommt dadurch zum Ausdruck, dass Zeus und Hera, wenngleich nicht als Zwillingspaar, so doch als Geschwisterpaar erscheinen.

Wäre Hera bei Homer nur die Ehegattin des Zeus und nicht auch seine Schwester, so könnte man die mythologische Eheschliessung der beiden historisch mit der üblichen Vereinfachung verstehen: etwa so, dass der ungestüme Vatergott der Einwanderer auf mykenischem Gebiet mit der mächtigen Frauengottheit der Landschaft verbunden und ihr gewissermassen doch unterordnet wurde. In der Religion des neuen Volkes bezwang der Eroberergott die einheimische grosse Göttin, er wurde aber seinerseits von ihr auch bezwungen. Die angeführte Schwurformel des Königs von Mykene in der Ilias [4]), bezeichnet diese geschichtliche Situation. So ist jenes spannungsvolle Ehebündnis entstanden, das von der homerischen Dichtung reichlich ausgewertet und auch in der vorhergehenden Darstellung nicht vergessen wurde. Damit wird der historische Vorgang aber nur ganz grob getroffen.

In der Rolle eines ungestümen Vatergottes erscheint vielmehr Poseidon bei den Griechen und er begattet sich mit Demeter und mit zahllosen anderen Partnerinnen — *nur nicht mit Hera*. Daraus folgt eine höhere Charakterisierung auch für diese Göttin. Einen untergeordneten Daimon, einen dienenden Gatten neben ihr würde ihr Charakter nicht ausschliessen. Zeus aber, wie seine Charakteristik in den vorhergehenden Kapiteln versucht wurde, hätte in solch unter-

---

[1]) Vgl. oben S. 57.
[2]) Vgl. oben S. 25.
[3]) Vgl. oben S. 56-57.
[4]) Oben S. 50, Anm. 3.

geordneter Stellung neben Hera nicht auftreten können. Die *zwei* Verbindungen der beiden — die eheliche und die geschwisterliche — sind *mehr*, als was durch die Verbindung zweier Religionen motiviert wäre. Sie entsprachen sicher Möglichkeiten, die im ursprünglichen Charakter der zwei Gottheiten angelegt waren. Eine Geschwisterehe müsste von griechischem Gesichtspunkt aus sogar anstössig wirken, wenn sie erst konstruiert und als mythologische Gegebenheit nicht schon dagewesen wäre. Die spottende Bemerkung des Lukianos [1]), Zeus hätte viele Frauen geheiratet, zuletzt Hera, seine Schwester, „nach den Gesetzen der Perser und Assyrer", ist insofern beachtenswert, als die Vereinigung des höchsten Götterpaares den menschlichen Gesetzen im historischen Griechenland gewiss nicht entsprach.

Würde sie wenigstens den Sitten der mykenischen Könige entsprochen haben, so hätten diese nur demselben Brauch gehuldigt, wie gewisse orientalische Herrscherdynastien, in historischer Zeit vor allem die Achämeniden [2]). Auf Grund der Sagen, die sich an die Atriden, das Herrscherhaus von Mykene knüpften, scheint ein ähnlicher Brauch im mykenischen Griechenland ausgeschlossen zu sein. In jener mit schrecklichen Freveln belasteten Familie kommt zwar Inzest mit der Tochter vor, doch nur mit einem besonderen Zweck. Der Rächer für die abgeschlachteten Söhne des Thyestes muss von beiden Seiten aus dem gleichen Geschlecht geboren sein wie die Opfer waren [3]). Keine Geschwisterehe wird je auch nur angedeutet. Unter mutterrechtlichen Verhältnissen, wie etwa diejenigen sind, die Bronislaw Malinowski auf den Trobriandinseln beobachtet hatte, ist das inzestuose Verhältnis zwischen Vater und Tochter, obwohl für schlimm genug gehalten, noch kein eigentlicher Inzest. Die Liebschaft unter Geschwistern ist der schrecklichste Inzestfall [4]). Das Verbot der Geschwisterehe beruhte im historischen Griechenland offenkundig auf mutterrechtlicher Grundlage: nur die Ehe der leiblichen Geschwister, der *homogastrioi* — d. h. der Geschwister, die eine gemeinsame Mutter besassen — galt als Inzest, während die der

---

[1]) *De sacrificiis* 5.

[2]) Ernst Kornemann, „Die Stellung der Frau in der vorgriechischen Mittelmeerkultur", *Orient und Antike* 4 (Heidelberg 1927), S. 13 ff.

[3]) Deswegen zeugt Thyestes den Rächer Aigisthos mit der eigenen Tochter Pelopia, vgl. meine *Heroen* S. 328 (dtv. 397, S. 240). Nach C. Robert, *Die griech. Heldensage* I (Berlin 1920), S. 298 trägt diese Sage den Stempel hoher Altertümlichkeit an sich, eben weil ihr die mütterliche Abstammung auch wichtig ist.

[4]) *The Sexual Life of Savages in North-Western Melanesia* (London 1932), S. 153 ff. und 448.

Halbgeschwister, die nur den Vater gemeinsam hatten, erlaubt war [1]). Die Ehe von Zeus mit Hera war also anstössig genug, und sie dürfte unter mutterrechtlichen Verhältnissen noch anstössiger gewesen sein. Diese göttliche Geschwisterehe ist daher kaum aus der Nachahmung menschlicher Sitten zu erklären, sondern aus einem älteren Mythologem, das die Verwirklichung einer unter den Menschen völlig verbotenen Möglichkeit den Göttern zuschrieb.

Die mythische Genealogie ist der Mythologie gegenüber sekundär. Diese enthält die in vielen Variationen erzählten Mythologeme ohne jede Systematisierung. Die Genealogie ist eine Art der Systematisierung, eine mehr dem abstrakten Denken zugewandte Tätigkeit des Geistes, als der Aufbau der Olympischen Familie war. Das Prinzip, die Abstammung durch Zeugen und Gebären, ist der Natur entnommen. Die Genealogie beruht auf zwei verschiedenen Auffassungen von diesem Vorgang: dem mutterrechtlichen und dem vaterrechtlichen. Beide sind der naturhaften Auffassung auf ihre eigene Weise so nah — auch unabhängig von ihren institutionellen Verwirklichungen — dass es weder dem Psychologen, noch dem historischen Erforscher der Mythologie erlaubt ist, die eine oder die andere — etwa die mutterrechtliche — unbeachtet zu lassen. Das Geschwisterpaar Zeus und Hera, als mythologisches Gebilde, setzt mindestens das Vorhandensein einer Genealogie voraus. Nach mutterrechtlicher Auffassung würde diese von einer gemeinsamen Mutter ausgehen, wie im Fall des Geschwisterpaares Apollon und Artemis, von dem schon die Rede war [2]). Nach vaterrechtlicher Anschauung muss ein gemeinsamer Vater dagewesen sein, selbst wenn dieser aus einer anderen Religion übernommen werden musste, wie es mit Kronos geschah [3]).

Vater und Mutter sind in der hesiodischen Theogonie Kronos und Rhea. Die homerische Göttergenealogie stimmt in diesem Punkt mit der hesiodischen überein [4]). Die Abweichung unserer beiden ältesten Autoren besteht darin, dass bei Hesiod die Dreiheit Chaos, Gaia, Eros, eher eine philosophisch-kosmogonische Dreiheit, als eine mythologische den Anfang der Genealogie bildet, während bei Homer [5]) Okeanos und die „Mutter Tethys", der erste als der männliche „Ursprung der Götter", die zweite als seine Gattin, am Anfang stehen:

---

[1]) Kornemann, a.O., 37.
[2]) Oben S. 47.
[3]) Vgl. oben S. 33.
[4]) *Ilias* 14.194 und 203.
[5]) *Ilias* 14.201.

nach einer in Prosa erhaltenen mythischen Genealogie [1]) wie auch bei
Hesiod [2]) *ein Geschwisterpaar* als mythologischer Ursprung und Beginn
von Allem. Nach diesen Zeugnissen wäre die Geschwisterehe des
Zeus und der Hera — wie übrigens alle Geschwisterehen bei Hesiod
— die Wiederholung eines vorhesiodischen, rein mythologischen,
kosmogonischen Motivs. Das Motiv lag der ältesten uns bekannten
griechischen Göttergenealogie — eben der homerischen — zugrunde.
Seine genealogischen Auswirkungen sind greifbar genug. Die Liebesgeschichte der Hera mit ihrem Bruder war eine seiner Ausführungen.
In ihr war Hera sicher nicht die letzte Frau des Zeus, wie bei Hesiod [3]),
sondern die erste. Damit stellt diese Version nicht nur eine früher —
eben durch Homer — bezeugte Überlieferung dar, sondern wahrscheinlich überhaupt die älteste, nachdem die zwei Gottheiten sich
historisch begegneten.

Es ist dennoch schwer anzunehmen, dass Heras Hochzeit innerhalb
der griechischen Religionsgeschichte je eine kosmogonische Bedeutung hatte. Zum kosmogonischen Motiv gehören die Folgen: die
gemässe Nachkommenschaft, der die Hochzeit dient. An Hera
knüpft sich mehrfach das Motiv der Parthenogenesis [4]). Sie brauchte
keinen Gatten zu haben, um fruchtbar zu werden. Ihre Vereinigung
mit Zeus war *kein Akt der Fruchtbarkeit.* Die dichterische Darstellung
ihrer Wiederholung, die einzig und allein durch Hera hervorgerufen
wird, macht es möglich, zu erwägen, was dieser Bearbeitung in der
griechischen Religion vorausging. Die Möglichkeit, dass die Schilderung der Umarmung der zwei Gottheiten eine ganz freie Erfindung
Homers gewesen sei, ist auszuschliessen: das Thema, *Dios kai Heras
gamos*, kommt in der Überlieferung auch sonst vor [5]). Abhängigkeit
von Homer ist nicht immer anzunehmen. Homers Darstellung im

---

[1]) Akusilaos, *Fragm. gr.Hist.* 2, fr. 1 Jacoby.
[2]) *Theog.* 133,136.
[3]) *Theog.* 921.
[4]) Ihre vaterlosen Söhne sind Hephaistos (Hesiod, *Theog.* 927), Typhaon (Hom.
Hymn Ap. 305 ff.), Ares (Ovid, *Fasti* V 255 ff.); alle sind „missratene" Kinder,
vgl. oben S. 49. Die Göttinnen, die als Töchter ihr beigegeben werden, sind
ihre Doppelgängerinnen: Eileithyia, eine Frauengöttin der Minoischen Zeit, an
deren Stelle Hera trat, vgl. unten S. 138, Hebe, ein im Alter der Pubertät erstarrtes
Doppel der Hera: *hebe* bedeutet auch *pubes*, Hebe vertritt in ewiger Jugendlichkeit
ihre Mutter in der Beziehung zu Herakles, vgl. meine *Heroen*, S. 221 (dtv. 397
S. 164 f.). Die *Iuno* der Römer entspricht Hera, ihr Name ist die Übersetzung von
Hebe, vgl. meinen „Bildtext einer italischen Vase in Giessen", *Collection Latomus*
LXX, 1964, Hommage à Jean Bayet, S. 348.
[5]) Hochzeit am Okeanos, unabhängig von Homer: Eur. *Hipp.* 748 und Erato-
sthenes, *Catasterismi* III.

vierzehnten Gesang der Ilias ist von einem Mythos aus zu erklären, der ihr zeitlich und, als ursprünglicheres Mythologem, logisch vorausging, doch sie ist nicht restlos darauf zurückzuführen. Homerische Erfindung war schon jene Hilfe der Aphrodite, die Hera in Anspruch nahm [1]), um sich für Zeus unwiderstehlich zu machen. In allen ursprünglicheren Mythologemen muss Hera die sich selbst genügende — und doch nicht völlig genügende gewesen sein. Nur in sofern genügte sie sich nicht, als sie zum *gamos*, zum Akt der Hochzeit, auch ohne Hinblick auf Fruchtbarkeit, des Zeus doch bedurfte. Dieser hiess in Attika in solcher Funktion *Zeus Heraios*, „Zeus der Hera" [2]).

Es wäre nicht richtig, hier sogleich von „Hieros Gamos", „Heiliger Hochzeit" zu reden, wie es heute üblich ist, ohne eine genauere Bestimmung dessen, was für die Griechen *hierós gámos* war. Korrekter ist zu sagen, dass der *gamos*, die *consummatio matrimonii*, im Sinne der Hera geschah, dass sie darin den sterblichen Frauen als Beispiel vorausging und dass es davon auch Mythen gab, einen immer wiederholten Mythos des Gamos, in „hieroi logoi", „heiligen Geschichten", wie mit dem Kult verbundene Mythen gewöhnlich genannt wurden. Es liegt auf der Hand, dass der Mythos in diesem Fall keine „heilige Geschichte" der Zeusreligion, sondern ein *hierós lógos* des Herakultes war. Ein zeugender Vatergott — ob mit dem Charakter des Zeus oder mit dem des Poseidon ausgestattet — hatte zahllose „Hochzeiten". Doch keine einzige Hochzeit besitzt im Dasein des Mannes dieselbe Bedeutung, wie eine Hochzeit in der Existenz der Frau.

Die minimale, aber sichere Bestimmung, die von Hera gegeben werden kann, ist schon auf Grund dieser allgemeineren Betrachtung die, dass „Hera" unter den archetypischen Bildern der griechischen Religion *die Frau* war. Das Wort einer Abessinierin, das Leo Frobenius aufgezeichnet hatte [3]): „Eine gute Frau sei vor jeder Liebesvereinigung Mädchen, nachher aber Mutter" — ist in bezug auf Hera so zu modifizieren, dass sie vor jeder ihrer periodisch wiederkehrenden Hochzeiten zur Jungfrau wurde, nachher aber wieder dazu, was ihr häufigstes Beiwort im Kulte ist [4]): *Teleia*, „die Vollkommene". In der Ehe erreichte sie ihre Vollkommenheit. Zeus hiess in dieser Beziehung *Teleios* [5]), „der zur Vollkommenheit Bringende". Für die

---

[1]) 188 ff.   [2]) Vgl. unten S. 87.
[3]) *Der Kopf als Schicksal* (München 1924), S. 88.
[4]) Nilsson, Gesch. griech. Rel. I² (1955), S. 429.
[5]) Nilsson, a.O.; vgl. Höfer, „Teleia, Teleios", Roscher, *Lex.* V, S. 254 ff., bes. 257. Zeus ist neben *Hera Zygia* (oder Syzygia) sogar *Zygios*, Ehegott, Höfer „Syzygia", Roscher *Lex.* IV, S. 1647.

Frau bedeutet die Vollkommenheit nicht bloss und nicht unbedingt Mutterschaft, was innerhalb jener Vollkommenheit vielmehr etwas Normales, eine verehrungswürdige Qualität für sich ist, sondern *das volle Frauendasein selbst*, dessen Erfüllung durch den Mann. Darum bedeutet die Liebesvereinigung, die ihr solche Daseinserfüllung gibt, für die Frau unvergleichlich mehr als für den Mann. Und sooft dadurch Erfüllung erreicht wird, ist es immer wieder Hochzeit, vor der die Frau ein Mädchen war. Ein nur halb geheimgehaltener *Hieros logos*, dem wir im argivischen Kult der Hera begegnen, erzählte, dass die Göttin, durch ihr Brautbad in der Quelle Kanathos, immer wieder zur Jungfrau wurde, ehe sie ihre Hochzeit mit Zeus feierte [1]).

Ein vorhomerischer Mythos wird von Homer selbst in seiner Darstellung in der Ilias zitiert. Er versetzt sicher nicht von sich aus die erste Liebesvereinigung von Zeus und Hera in jene Zeit, in der sie sich nur heimlich lieben durften, ohne das Wissen der Eltern [2]). Homer spielt auch darauf an, dass dies in der Zeit der Feindschaft zwischen Kronos und Zeus geschah [3]). Das Geschwisterpaar weilte damals bei Okeanos und Tethys, von Mutter Rhea dort versteckt: eine mythologische Erzählung älteren Stils als die homerische Schilderung ist. Es wird uns zufällig verraten, wo man eine Erzählung dieses Stils, die eine Beziehung auch zum Leben der Erzähler und der Zuhörer hatte, in Griechenland noch in der hellenistischen Zeit hören konnte; wo sie noch ein echtes *Mythologem* war, eine Göttergeschichte, bei der ein jeder dessen inneward: irgendwie handelt es sich dabei um ihn. Es heisst in einem Frauengespräch bei Theokrit: „Alles wissen die Frauen: auch das, wie Zeus die Hera nahm . . ." [4]). Es wird von exklusiven Frauenfesten berichtet, zu denen Männer nicht zugelassen wurden, dass die Teilnehmerinnen einander die anstössigsten Dinge sagten. Bei dem Fest der Haloa gab es nicht nur obszöne Spöttereien, sondern es ging da recht unanständig zu: die verheirateten Frauen wurden, spielerisch-rituell dazu verleitet, was in der Ehe verboten war [5]). Eine dazu passende Erzählung fand ebenfalls ihren Weg in die homerische Dichtung. Die Ehebruchgeschichte der Aphrodite wird in der Odyssee bei den Phäaken vorgetragen [6]). Vergil versetzt sie mit sicherem Stilgefühl in eine Frauengesellschaft:

---

[1]) Vgl. unten S. 96.
[2]) 14.295-96.
[3]) 14.201-204.
[4]) XV 64.
[5]) *Schol. in Luciani Dialogos meretricum VII 4.*
[6]) 8.266 ff.

eine Wassernymphe erzählt sie ihren Gefährtinnen samt den übrigen Liebschaften der Götter „seit dem Chaos" [1]).

Obwohl keine ganz freie Erfindung Homers, ist die Schilderung der Umarmung des höchsten Götterpaares in der Ilias ein Dichterwerk für sich, eins der kühnsten und grössten der Weltliteratur. Die antiken Herausgeber Homers gaben dem Gesang die Überschrift *Dios apate* „die Betörung des Zeus". Seine Ablenkung vom Geschehen auf dem Schlachtfeld vor Troja hat ihren Sinn im Zusammenhang des Epos. Homer befreit sich von der Tradition, um den Gamos des Götterpaares in den Dienst der Ablenkung zu stellen. Zeus sitzt auf dem höchsten Gipfel des Idagebirges [2]) und überwacht den Gang der Ereignisse, wie sie nach der Fähigkeit und der *moira* der einzelnen Helden ablaufen sollten. Hera könnte ihn von seinem Posten nicht weglocken. Sie muss ihn dort, in der freien Natur verführen, damit er nach der Liebesvereinigung in ihren Armen, mit der Hilfe des Hypnos, des Schlafes — wie es natürlich ist, denn göttlich ist in der Religion Homers das Natürliche — einschläft [3]).

Doch die Umarmung im Freien, so natürlich sie in der Sphäre des Dionysos vorkommen konnte, war in der Sphäre der Hera nicht erlaubt. Dies wird klar ausgesprochen, als Hera, die alles zur Liebe in der Natur vorbereitet hatte, sich scheinbar dagegen sträubt [4]):

οὐκ ἂν ἔγωγε τεὸν πρὸς δῶμα νεοίμην
ἐξ εὐνῆς ἀνστᾶσα, νεμεσσητὸν δέ κεν εἴη —

„ich würde, aufgestanden aus der Umarmung (auf dem Idagipfel), nicht gut in dein Haus heimkehren, dies würde ja die Rüge mit Recht erwecken" —

die Rüge nach der Auffassung der Herareligion, nach der die Liebesvereinigung *in das Haus gehört*.

Hera nennt nachdrücklich den *thalamos* des Zeus [5]):

ἔστιν τοι θάλαμος —

du hast ja deinen *thalamos* —

jenen Raum des Hauses, der in den griechischen Hochzeitsriten eine so grosse Rolle spielte, dass er die vornehmliche Bedeutung

---

[1]) *Georgica* IV 346.
[2]) 14.157/58.
[3]) 352/53.
[4]) 335 f.
[5]) 338.

„Brautkammer" erhielt. Es war der Ort der *consummatio matrimonii*, wohin die Braut gebracht wurde [1]). Zum *thalamos* gehörte, ja, ihn vertrat der *pastos* oder die *pastas*, ein Zeltvorhang [2]). Ein hellenistischer Dichter spricht auch von der Hochzeit der Hera auf dem Olymp so, als ob sie sich hinter einem solchen abgespielt hätte [3]). Ein ebenso wesentliches Requisit der rituellen Ausführung der Handlung war das gemeinsame Bett. Theokritos hebt es hervor, in seinem „Enkomion auf Ptolemaios", den griechisch-ägyptischen Herrscher Ptolemaios Philadelphos, der in Geschwisterehe lebte, und dem Dichter Anlass bot, die Geschwisterhochzeit des Zeus mit Hera zu evozieren. Zum ersten Mal wird da in unseren Texten der Ausdruck *hieròs gámos* auf ein Götterpaar angewendet:

ὧδε καὶ ἀθανάτων ἱερὸς γάμος ἐξετελέσθη —

so wurde auch der Unsterblichen heilige Hochzeit vollführt —

so, wie der *hieròs gámos* der Sterblichen, wie wir sehen werden [4]). Nur war es bei Theokrit eine dienende Göttin, Iris, die Zeus und Hera das Bett (ἓν λέχος) immer wieder mit gereinigten Händen bereitete [5]).

Auf die scheinbare Weigerung Heras, ohne *thalamos* und ohne Bett den Gamos zu vollführen, antwortet Zeus bei Homer, er werde sie mit einer grossen Wolke — einer goldenen — umhüllen. Darin ist die Spur der Mythen zu erkennen, die sich an Berggipfel knüpften, von denen erzählt wurde, dass sie früher Hera, später auch dem Zeus gehörten [6]) und der Schauplatz ihrer Begegnung und Vereinigung waren. Homers Schilderung hat etwas an sich, das wir „kosmisch" zu nennen geneigt sind, das aber wahrscheinlich ganz das Eigentum des Dichters ist:

Also sprach Kronion und schloss in die Arme die Gattin,
Unten erblühte die heilige Erde von spriessenden Gräsern,
Tauigem Lotosklee und Hyazinthen und Krokos,

---

[1]) Vgl. V. Magnien „Le mariage chez les Grecs anciens", *Antiquité Classique* V (1936), S. 115.

[2]) Vgl. Claude Vatin, „Recherches sur le mariage et la condition de la femme à l'époque hellénistique", *Bibl. Éc. fr. d'Ath. et de Rome* CCXVI, (Paris 1970), S. 207 ff.

[3]) χεύματι τῶιδ' ἄχρ]αντος ἐλούσατο παρθένος Ἥρ[η ὡς τύχ' ἐπ' Οὐλ]ύμπωι παστὸν ὑπερχομένη- Poseidippos, vgl. Fr. Laserre, „Aux origines de l'Anthologie", *Rheinisches Museum*, CII (1959), S. 227.

[4]) Unten S. 87-88.

[5]) XVII 131-34.

[6]) Kerényi, *Mythologie* S. 96 f.

Dicht und üppig und weich, die über den Boden sie hoben.
Beide lagerten dort und deckten sich zu mit den schönen
Goldenen Wolken; es fielen herab die Tropfen des Taues.
Also schlummerte still auf Gargaros' Höhe der Vater,
Ganz von Liebe benommen und Schlaf, in den Armen der Gattin.

(Übersetzt von Hans Rupe.)

Im Mythologem der ersten Vereinigung, das Homer zitiert [1]), war es im *Hause* des Okeanos und der Tethys, wo das kindliche Götterpaar das *Bett* bestieg. Dafür kommt als Quelle wohl am wahrscheinlichsten eine heilige Geschichte in Betracht, die unter Frauen an einem Herafest erzählt oder gesungen wurde. Es gibt indessen auch eine absichtlich unklar gehaltene Überlieferung von einem Gesang von Knaben, bei nicht näher bestimmten Mysterien, mit denen der Herakult von Argos gemeint sein kann [2]). Man lese die stoische Deutung des Zeus als liebenden Gottes bei Dion von Prusa, einem Redner des 1. Jh.s n. Chr., der sie an den Mythos der persischen Magier vom Herrscher des Kosmos als Wagenlenker [3]) anknüpft [4]): „Er sendet einen vollen Blitz, aber nicht einen dermassen regellosen und unsauberen, wie er bei stürmischem Wetter aus den mit ungewöhnlichen Wucht dahintreibenden Wolken tritt, sondern einen reinen Blitz, ohne die geringste dunkle Stelle, und in Gedankenschnelle wechselt er leicht seine Gestalt. Im Gedanken an Aphrodite und an die Zeugung aber bezähmt er sich und legt sich Zurückhaltung auf. Nachdem er einen grossen Teil des Lichtes gelöscht hat, wandelt er sich in feurige Luft von milder Glut. Dann verbindet er sich mit Hera, und im vollkommensten Genuss des Bettes (μεταλαβὼν τοῦ τελειοτάτου λέχους) entlässt er den ganzen Samen für das Weltall. Das ist die glückselige Hochzeit von Hera und Zeus, von der die Söhne der Weisen bei unaussprechlichen Geheimriten ihre Hymnen singen (τοῦτον ὑμνοῦσιν παῖδες σοφῶν ἐν ἀρρήτοις τελεταῖς ῞Ηρας καὶ Διὸς εὐδαίμονα γάμον)".
Der Stoiker, für den die Weltseele Feuer ist und Hera die Luft, greift auf die Lichtnatur des Zeus — sein „Aufleuchten" — mit der grössten Leichtigkeit zurück und vermag sie mit dem anthropomorphen Geschehen des Gamos, das in der archaischen und klas-

---

[1]) *Ilias* 14.201-204 plus 295-96.
[2]) Vgl. unten S. 102.
[3]) Vgl. Kerényi, „A világfogat" („Das Weltgespann"), *Egyetemes Philologiai Közlöny* XLV (1921), S. 130-31.
[4]) XXXVI 56, nach der Übersetzung von Winifred Elliger, Artemis, Zürich 1967, hie und da dem Urtext noch mehr angepasst.

sischen Zeit noch nicht in einen physischen Vorgang aufgelöst war, ohne Schwierigkeiten zu vereinigen. Ein rituelles Geschehen wird durch die Worte „unaussprechliche Geheimriten" vorausgesetzt: ein Hochzeitsritus des Götterpaares, der unter Menschen gefeiert wurde, die Voraussetzung zum Erzählen und Singen von Mythen und Hymnen, die ihrerseits die Voraussetzung zu Homers poetischer Erzählung bildeten.

Erst ein christlicher Schriftsteller des 7. Jh.s nennt den Gamos ein Mysterion der alten Griechen, sicher durch die Auffassung der Ehe als Sakrament beeinflusst [1]). Fest steht, dass ein alter Spruch existierte [2]), ursprünglich in Sparta [3]), doch auch für Athen bezeugt [4]), der lautete: τέλος ὁ γάμος — „Telos ist der Gamos". „Telos" bedeutete die Erfüllung, die Vollendung, auch als Ziel der Einweihung in Mysterien, das Ziel des τελεῖν, des Vorgangs im Telesterion von Eleusis [5]). Doch es sind hier nicht die eleusinischen Mysterien heranzuziehen: *telos*, vom *gamos* ausgesagt, ist völlig verständlich, wenn es mit Hera Teleia und Zeus Teleios in Beziehung gesetzt wird. In seiner Eigenschaft als Teleios brachte Zeus wohl vielerlei zur Vollendung: in Vereinigung mit Hera ist das *telos*, das sie als göttliches Paar selber erreichen und zu dem sie den menschlichen Paaren verhelfen, *soweit diese sie nachahmen*, der *gamos*. Das Wort *gamos* als Objekt des τελεῖν (γάμον τελεῖν [6]), τέλος γάμοιο [7])) ist allgemein gebräuchlich. Die Entsprechung zwischen den gesetzlich geschlossenen Gamoi auf Erden und dem Gamos von Zeus und Hera, als dem Ziel für die menschlichen Paare, wird in Athen mit aller Deutlichkeit bezeugt.

Das Fest, an dem irdische Paare die Vollendung des himmlischen Paares unter sich verwirklichten, wurde im Wintermonat Gamelion (etwa in unserem Januar) gefeiert, am 24., doch wahrscheinlich schon

---

[1]) Maximus Confessor, *ad Dionysi Areopagitae Epistulas* VIII 6, angeführt von Bolkestein, vgl. unten Anm. 2.

[2]) Vgl. H. Bolkestein, „τέλος ὁ γάμος", *Mededeelingen der Koninklijke Akademie van Wetenschappen*, Afd. Letterkunde 76, Ser. B, Nr. 2, Amsterdam 1933. Der Verfasser geht mit seiner Kritik zu weit. Kein Spruch wurde geprägt, um nichts auszusagen. Vgl. meinen „Hermes der Seelenführer", *Albae Vigiliae*, N.F. I, Zürich 1944, S. 80.

[3]) Areios Didymos, bei Bolkestein S. 2.

[4]) Pollux III 38.

[5]) Vgl. Kerényi *Eleusis*, Index.

[6]) Callimachus, *Hymn. in Ap.* 14; Theocr. XVII 131 (angeführt oben); τελεύμεναι hiessen die verheirateten Frauen auf Kos: Dittenberger *Sylloge* III³, 1006.

[7]) *Od.* 20.74.

vom 22. an [1]). Da die Hochzeit aller dafür bestimmten jungen Leute in ganz Athen gleichzeitig gehalten wurde [2]), genügte ein einziger Tag zur Feier vieler miteinander verwandten und verschwägerten Familien kaum. Der Monat war der Hera heilig [3]), ihr Fest waren die Gamelia [4]), was so zu verstehen ist, dass durch die Gamoi die Göttin gefeiert wurde, da die Vollendung, die sie bedeuteten, eigentlich *die Vollendung der Hera* war. Zeus trug aus diesem Anlass das Beiwort *Heraios* und erhielt ein Opfer [5]). Nach der Götterhochzeit hiess das Fest auch *Theogamia* [6]), sonst aber *Hieros gamos*, nach dem, was unter den sterblichen Paaren, mit der Beachtung und Ausführung aller der Hera geltenden Riten und Sitten, geschah. Auf diese Weise war der *gamos* geheiligt, daher kam sein Beiwort „heilig". Dies wurde aber schon im späten Altertum falsch verstanden.

Mit grammatischer Korrektheit steht der Sachverhalt im *Lexicon rhetoricum Cantebrigiense* [7]), bei dem Stichwort *hierós gámos*:

οἱ γαμοῦντες ποιοῦσι τῶι Διὶ καὶ τῆι Ἥραι ἱεροὺς γάμους —

„Diejenigen, die die Ehe vollziehen, vollziehen dem Zeus und der Hera heilige Hochzeiten".

Der *menschliche Akt des Gamos*, um den es geht, konnte auch so vollzogen werden, dass die Qualität „heilig", die an einen bestimmten Tag und seine Riten und Sitten gebunden war, ihm nicht anhaftete. Man sprach spöttisch auch von *methemerinoi gamoi*, „tägliche Hochzeiten" und meinte damit das Geschäft der Prostituierten [8]). *Hieroi*

---

[1]) Dies folgt aus Menander *fr.* 320; eine Vorverschiebung vom Monatsende, von der Neumondszeit, nach der ursprünglich die Hochzeiten stattfanden (vgl. unten Anm. 6), fand offenbar immer mehr statt.

[2]) Dies folgt aus der kalendarischen Angabe des jährlichen Hochzeitstages selbst.

[3]) Hesychius s.v. Γαμηλιών.

[4]) Ludwig Deubner, *Attische Feste* (Berlin 1932), S. 177.

[5]) Prott-Ziehen, *Leges Graecorum Sacrae* I (Leipzig 1896), Atticae 1.20/2, S. 4.

[6]) Dieser Name taucht sehr spät auf und wird mit dem Namen des Proklos verbunden überliefert, *Schol. in Hes. Opera et dies* 780, p. 430, 19 Gaisford. Dass das Fest deswegen eine Erfindung der Neuplatoniker wäre, ist ein unmöglicher Einfall Nilssons in seinen hyperkritischen Bemerkungen „Wedding Rites in Ancient Greece", *Opuscula* III (Lund 1960), S. 245. Hesiod riet an jener Stelle, die Aussaat nicht in der Vollmondzeit zu machen. Proklos verglich damit die Zeit der athenischen Hochzeiten in den der *coniunctio* von Sonne und Mond (Neumondzeit) nächsten Tagen. Die astrologische Auffassung dieser Zeit mag von ihm stammen und der Name *Theogamia* spät sein: die kalendarische Angabe, der die Daten bei Menander nur ungefähr entsprechen, war sicher keine neuplatonische Erfindung.

[7]) p. 670, 28 Porson.

[8]) Demosthenes, *De corona* 129.

gamoi werden in der Literatur zum ersten Mal von Sokrates in Platons *Politeia* genannt [1]). Er spricht von den Gamoi seiner Staatswächter: „Es ist klar, dass wir nach Kräften möglichst heilige Hochzeiten veranstalten werden (γάμους ποιήσομεν ἱερούς εἰς δύναμιν ὅτι μάλιστα)". „Heilige Hochzeit" bedeutet für Sokrates offenbar nur noch soviel, als eine völlig richtige Hochzeit und er scheut sich nicht, die Richtigkeit in der biologischen Richtigkeit zu sehen, in der Nützlichkeit in Hinblick auf gute Nachkommenschaft. Nach Platons „Gesetzen" [2]) kommen ehrbare Frauen „mit Göttern und heiligen Hochzeiten ins Haus (μετὰ θεῶν καὶ ἱερῶν γάμων ἐλθούσαις εἰς τὴν οἰκίαν). Das Volk von Athen wünschte aber offenbar noch etwas — ausser gesunde Paare und richtig vollbrachte Riten — von den Hochzeiten, damit sie die Bezeichnung *hieros* verdienten: eine Angleichung an das Götterpaar in Schönheit. Anaxandrides, ein Dichter der Mittleren Komödie sagt es (4. Jh. v. Chr.) [3]).

ἂν μὲν γὰρ ἦι τις εὐπρεπής, ἱερὸν γάμον καλεῖτε —

Ist einer von schöner Erscheinung, so nennt ihr ihn Hieros gamos.

Als in Athen die Hochzeiten gefeiert wurden, war es eine einzige „heilige Hochzeit" [4]). Erst als der Sinn für die Heiligkeit solch konkreter Verwirklichung dessen, wofür Zeus und Hera das Beispiel gaben, erloschen war, im 5. Jh. n. Chr., erklärte der Neuplatoniker Proklos Platons Worte, die sich klar auf menschliche Hochzeiten bezogen, so, als wäre der Ausdruck *hierós gámos* in gewissen „mystischen Erzählungen" ursprünglich an seinem Ort gewesen und von dorther übernommen worden (ἐκ τῶν μυστικῶν λόγων καὶ τῶν ἐν ἀπορρήτων λεγομένων ἱερῶν γάμων) [5]). Wo er mehrere *hieroì gámoi* der Götter aufzählt, da stehen auch bei ihm Hera und Zeus an erster Stelle [6]). Es folgen Uranos und Ge, Kronos und Rhea, Zeus und Demeter, Zeus und Kore und die Vereinigungen von Frauen mit Göttern überhaupt. Proklos hätte indessen kaum so gesprochen, wenn ein mystischer Herakult nicht existiert hätte: der Kult von Argos, auf den wir im nächsten Kapitel eingehen werden.

---

[1]) 458 e.
[2]) 841 d.
[3]) Fr. 34.2. Edmonds, *The Fragm. of Attic Comedy* II (Leiden 1959), S. 58.
[4]) Die nur fragmentarisch bekannten Riten und die hochzeitlichen Darstellungen auf attischen Vasen wären auch nach der glänzenden Darstellung von Margarete Bieber, „Eris and Dionysos on Kerch Vases", *Hesperia* Suppl. VIII (1949), 31 ff. auf Grund dieser Sachlage neu zu interpretieren.
[5]) *In Platonis Timaeum commentaria* p. 16 B.
[6]) *Commentarius in Parmenidem* p. 214.

Das historische Phänomen ist dies: in Athen, einer Stadt, die ihre höchste Göttin in der mit dem Vater verbundenen und vaterrechtliches Denken vertretenden, jungfräulichen Pallas Athene verehrte [1]), war die Eheschliessung, abgesehen von den rechtlichen und der Volksvermehrung dienenden Aspekten des Aktes [2]), eine heilige Handlung, die man der Hera schuldete und ihr darbrachte. Sie wurde ganz und gar von jener in mutterrechtlichen Gesellschaften herrschenden Denkweise bestimmt, deren Trägerin Hera war. Wir wissen von einem Tempel der Hera Teleia und des Zeus Teleios, der wahrscheinlich ausserhalb der Mauer lag [3]), sicher ausserhalb der Akropolis. Der olympische Zeus — der Zeus Homers und der Zeusreligion — erhielt auch nur ausserhalb der Stadtmauer, und verhältnismässig spät, unter den Peisistratiden, ein würdiges Heiligtum, das erst durch Hadrian zu einem Riesentempel, dem Olympieion aufgebaut wurde [4]). Der „Zeus" der Athener war ursprünglich Einer, der in unterweltlichen Dunkelheiten aufleuchtete, wie der in Schlangengestalt erscheinende Zeus Meilichios, ein minoischer — und in Attika auch eleusinischer — Vorgänger des „Zeus aller Griechen", des Panhellenios. Hera gehörte zu diesem „Zeus".

Es ist wohl möglich, dass in der klassischen Zeit, als der Tempel der Teleia und des Teleios durch die Perser abgebrannt und unrestauriert dastand [5]), der Herakult, soweit er der Kult der Gamelia war, im Heiligtum einer Nymphe — als wäre sie die *Nymphe Diós* gewesen [6]) — am Fuss der Akropolis angesiedelt wurde [7]). Die Himmelskönigin von Argos, Samos, Olympia, Euboia, Korinth und von dem diesem gegenüber liegenden Heiligtum von Perachora, die Hera Homers, besass nicht weniger panhellenischen Charakter als Zeus. Sie war vorbildlich für die athenischen Bräute, deren vaterrechtliche Familie dafür sorgte, dass ihr Gamos womöglich „heilig", d.h. dem Gamos

---

[1]) Vgl. mein „Die Jungfrau und Mutter der griechischen Religion", *Albae Vigiliae* N.F. XII (Zürich 1952), 14 ff. Als Hochzeitsgöttin: S. 21.

[2]) Hierher gehört die Attische Eheformel, Menander *fr.* 720: „zum Pflügen und Säen legitimer Kinder", und die Rolle der Priesterin der Demeter, die in Chaironeia den Neuvermählten das Ehegesetz von den Ahnen her (*pátrion thésmon*) mitteilte, Plutarch, *Coniugalia praecepta* 138 B.

[3]) An der Strasse von Phaleron nach Athen, Paus. I.1.4; X.35.2.

[4]) Deubner, a.O., S. 177.

[5]) Paus. I.1.5; X.35.2.

[6]) So in einem Epigramm des samischen Dichters Nikainetos, Athenaeus XV 673 C; vgl. Das neue Bild von Paestum in meinen *Werken* II S. 237; unten S. 141.

[7]) Die Funde, in einer Vitrine des Akropolis-Museums ausgestellt, sind in diesem Augenblick noch nicht veröffentlicht. Es gibt darunter Vasen, deren Darstellungen diese Vermutung nahelegen.

der Hera angeglichen würde. Sie durften keinen *homogastrios*, keinen ihrer Brüder, der die gleiche Mutter hatte wie sie, heiraten [1]). Das wäre ja gegen das grösste mutterrechtliche Inzestverbot gewesen [2]), das Hera allein übertreten durfte. Von ihr heisst es, dass sie die einzige Schwester war, die einen solchen Mann, den einzigen ihr ebenbürtigen, zum Gatten haben durfte [3]). Nicht in allem konnten die Athenerinnen, die als Bräute der Hera nahe kamen, ihr gleich werden.

Dieses Privileg kam einzig und allein der Hera zu, und auch ihr nur als der künftigen und faktischen, von jeher dazu bestimmten monogamen Frau des Zeus. Nach einem Mythos des Gamos des Götterpaares verweigerte sich die Göttin dem Gott διὰ τὴν μητέρα [4]) — „wegen der Mutter" — d.h. weil sie *homogastrioi* waren. Sie ergab sich ihm aber als Ehefrau, als jene zur Ganzheit gewordene Hälfte, die die Würde der Königin der Götter trug. Diesen Rang, den höheren Wert der weiblichen Hälfte in der Vereinigung, brachte sie aus mutterrechtlichen Verhältnissen mit. Ihre Verehrung reicht an ihren ältesten Kultorten, in Argos und auf Samos, sicher so weit zurück, dass dies möglich war [5]). In Athen spiegelte *ihr Mythos* den Frauen die Vollendung, die Erfüllung ihrer Ganzheit, in einer nicht erreichbaren, doch als *telos*, als Ziel in ihrer Frauennatur angelegten Form vor.

Es soll auch dieser Aspekt der unter mutterrechtlichen Verhältnissen so streng verbotenen, inzestuosen Ehe nicht verschwiegen werden. Das Verbot ist nur die negative Ausdrucksweise des ambivalenten Verhaltens einer Möglichkeit gegenüber, die auch sehr positiv gewertet werden konnte. Eine höchst positive Wertung liegt darin, dass sich die Geschwisterehe auf weiten Gebieten erhielt, die kaum weniger mutterrechtlich beeinflusst waren als Griechenland — in Persien, Mesopotamien, Ägypten — als Privileg der Herrscherdynastien. An diesem Privileg nahm manchmal auch der hohe Adel und die Priesterklasse teil [6]). Zuoberst, bei den Herrschern, bildete den entscheidenden Grund die Nachahmung der Götter, die absichtliche Wiederholung mythologischer Zustände. Diese spiegelten sich noch in einer derart begrifflich gewordenen Mythologie, wie die der

---

[1]) Vgl. oben S. 78.
[2]) Vgl. oben S. 47.
[3]) *Schol. in Il.* I 609 ἀδελφὴ μόνη ἀνδρὸς ἔτυχε τοιούτου.
[4]) *Schol. in Theocr.* XV 64, nach Aristokles, dem Mythographen, der über „Heiligtümer von Hermione" schrieb.
[5]) Vgl. unten S. 106-107 und 127.
[6]) Kornemann, a.O., S. 13 ff.

Religion Zarathustras. Die Begründung der Geschwisterehe eines kappadokischen Herrscherpaares im 2. Jh. v. Chr. lautet nach einer aramäischen Inschrift [1]), in der Ahura Mazda unter dem Namen Bel auftritt: „Die Mazdäische Religion, die Königin, die Schwester und Gemahlin sprach also: ‚Ich bin die Frau des Bel, des Königs'. Darauf Bel zur Mazdäischen Religion: ‚Meine Schwester, du bist weise und schöner als Göttinnen, deshalb habe ich dich zum Weibe genommen!'"

Die Ambivalenz, die die positive Wertung in sich schliesst, ist in Bezug auf den Geschwisterinzest in der rein mutterrechtlichen Gesellschaftsordnung der Trobriandinseln einwandfrei feststellbar. Alles, was im Leben vorkommen soll, erscheint in der Mythologie der Trobriandinsel als urzeitliches Geschehen, für die Nachwelt exemplarisch vorgespielt [2]), darunter auch das am meisten Verbotene, der Inzest eines Geschwisterpaares. Malinowski beschränkt sich im Wesentlichen auf die Feststellung dieser Paradoxie [3]) und lehnt mit Recht jede von aussen, etwa aus einer unbekannten Entwickelungs-geschichte gegriffene Erklärung ab. Die Ambivalenz, das negative Verhalten zu etwas, das zugleich höchst positiv gewertet und daher befürchtet wird, genügt dafür vollkommen. Malinowski weist auf einen der von ihm herausgegebenen Texte, die „Geschichte des ersten Liebeszaubers" und darin auf den sehr bezeichnenden, die tragische Ambivalenz zum Ausdruck bringenden Punkt hin. Es ist die *Mutter*, die die Tochter dorthin schickt, wo sie dem Liebeszauber zum Opfer fällt, der von ihrem Bruder nicht für sie bereitet wurde [4]).

Der Liebeszauber bewirkt, dass die von der Gesellschaftsordnung auferlegten Hemmungen zwischen den Geschwistern verschwinden. Die beiden — offenbar, weil sie Geschwister sind, denn sonst wäre die Wirkung des Liebeszaubers nicht tödlich — verfallen einer derart leidenschaftlichen Liebe, dass sie vor lauter Verliebtheit weder essen, noch trinken können und daran sterben. Die weitere Erklärung, die

---

[1]) Kornemann, a.O., S. 16.

[2]) Malinowski, *Myth in Primitive Psychology* (London 1926), S. 21 und 39.

[3]) Malinowski, *Sexual Life* (oben S. 78, Anm. 4), S. 453 f.: „As we know, among all rules and taboos is one which has a really strong hold over native imagination and moral sense; and yet this unmentionable crime is the subject of one of their sacred stories and the basis of love magic, and thus is directed, so to speak, into the full current of tribal life."

[4]) „Had she gone into the house herself and brought water to her daughter, the tragedy would never have occurred. She, the very source of the matrilinear kinship bond, she from whose womb the two children sprang, she is the involun-tary cause of the tragedy" (Malinowski, S. 460).

der Erzähler hinzufügte, war, dass dies aus Scham und Reue geschah [1]). Davon ist im Mythologem keine Rede. Die Liebesvereinigung von Geschwistern scheint an sich etwas zu sein, was über das menschliche Mass hinausgeht. Eine inhärente und intern begründete Intensität — begründet durch die mächtige Anziehungskraft des Nächstverwandten, die nur durch eine ebensogrosse Inzestscheu ausgeglichen werden kann und in der Psychiatrie bekannt ist [2]) — befähigt das Motiv zu einer doppelten Funktion: als die zeugende Vereinigung eines „ersten Paares" eine kosmogonische Rolle zu spielen oder doch als die Liebesgeschichte einer grossen Göttin mythologisch ausgeführt zu werden, für gewöhnliche Sterbliche aber das Verbotenste darzustellen.

Wir haben keinen genügenden Grund, anzunehmen, dass Homer in seine Darstellung der Verführung des Zeus durch Hera das Motiv eines mächtigen Liebeszaubers aus einem alten, mit der Trobriand-Zaubergeschichte verwandten Mythologem nahm. Hera leiht den Zauber von Aphrodite, zu deren natürlichem Wirkungsbereich der Urzauber der Liebe gehört. Aphrodite ist diejenige Göttin, mit der verbunden in der griechischen Mythologie die Zweigeschlechtlichkeit erscheint [3]): ein Motiv, dem vor der Geschwistervereinigung sozusagen eine genetische Priorität zukommt. Die Liebe eines Geschwisterpaares tendiert noch mehr als die normale Liebe zur Wiederherstellung einer zweigeschlechtlichen Ganzheit, die durch jene mächtige gegenseitige Anziehung gleichsam vorausgesetzt wird. Darin besteht die befürchtete Gefährlichkeit der zugleich gewünschten Geschwisterehe. Diese steht an der Grenze zwischen dem Wiedereingehen in die unbewegliche Einheit eines Urzustandes einerseits und der Fortbewegung durch Mehrwerden in Kindern anderseits. Die Vereinigung von Geschwistern bedrohte — so darf der tiefste Grund der dagegen gerichteten Inzestscheu angegeben werden — das Fortbestehen des Menschengeschlechtes. Sie war im Mythos *Göttern* vorbehalten und wurde in Heras Gamos verwirklicht, indem der höchste Gott der Griechen ihr als *Brudergatte* beitrat.

---

[1]) Bei Malinowski, S. 457 in Klammer.

[2]) Vgl. den Fall einer Zwillingsehe bei Leopold Szondi, *Schicksalsanalyse* (2. Ausg. Basel 1949), S. 150 ff. Szondis biologische Erklärung wird im Folgenden verwertet.

[3]) In meiner *Mythologie* S. 81 und 169 ff. (dtv. 392, S. 66 und 136 ff.): Mythos des Hermaphroditos; vgl. meinen „Hermes der Seelenführer", S. 97; Jung-Kerényi, *Einführung in das Wesen der Mythologie* (4. Aufl. Zürich 1951, S. 84), *Essays on a Science of Mythology* (Princeton University Press 1969) p. 54.

KAPITEL VI

HERAKULTE AUF DER PELOPONNES, AUF EUBOIA UND IN BÖOTIEN

Hera war in der griechischen Religionsgeschichte vor Homer schon auf dem Wege, zum reinen Bild der „Frau und Gattin" sublimiert zu werden. Den Inhalt ihrer archetypischen Gestalt brachte die Göttin aus einer älteren Periode mit, auf die man an ihrem Hauptkultort auf dem Festland, in Argos, mit Gewissheit zurückfolgern darf. In jener Korrelation, in der sie ursprünglich auf der göttlichen Seite stand und das Gegenüber bildete, an das sich vor allem die Frauen mit ihrer Verehrung wandten, war sie eine komplexere Figur, als diejenige, zu der sie durch Reduktion sublimiert wurde. Homer trug viel zur Vereinfachung dieser grossen weiblichen Gottheit bei. Er betont die Möglichkeit einer Distanz zwischen Zeus und Hera. Nach Homer würde aber solch eine Trennung von Zeus eine unerträgliche Situation für die Göttin bedeuten: nur die machtlose Hälfte jener Ganzheit zu sein, deren sie und nicht Zeus bedurfte [1].

So konnte Hera ursprünglich nicht gewesen sein! Die Unmöglichkeit solch einer abhängigen Gestalt als Objekt eines Kultes hätte es zwingend gefordert, dass wir zur Annahme der Reduktion und Sublimierung greifen, selbst wenn die Göttin von einem ihrer Verehrer nicht geradezu *panton genethla*, „Ursprung von Allen" genannt worden wäre [2]. Sie stand in einer unbekannten Kosmogonie an einer ähnlichen Stelle, wie diejenige war, die in einer anderen, von Homer angeführten, Okeanos als „*genesis* für Alle" einnahm [3]. Der Name *Hera* oder *Here* sagt uns nichts vom ursprünglichen Charakter der Göttin aus. Mit *Zeus* und *Poseidon* verhält es sich anders: sie waren durchsichtige griechische Namen, während bei Hera nicht einmal soviel sicher ist, in welcher Sprache sie ursprünglich so hiess [4]. Eine hypothetische Etymologie, selbst wenn eine der bis jetzt vorgeschlagenen wahrscheinlich wäre, könnte die Grundlage einer geschicht-

---

[1] *Ilias* 1.562/3.
[2] Alcaeus *fr.* 24a 7 Diehl.
[3] *Ilias* 14.201 und 246.
[4] Über *e-ra* in mykenischen Dokumenten vgl. oben S. 23.

lichen Darstellung nicht bilden [1]). Wäre die Bedeutung, wie es lange angenommen wurde, „Herrin", so würde uns das auch nicht weiterführen. Mehr von Hera ist nur durch ihre Heiligtümer zu erfahren.

Homer lässt sie, in der Aufzählung ihrer Lieblingstätten, an erster Stelle Argos nennen [2]). Sie ist ihm *Argeie*, „die von Argos" [3]). Dass sie nicht etwa nur mit der Stadt Argos verbunden war, sondern ursprünglicher und eigentlicher mit dem Land Argos, beweist die Lage des Heraion, ihres Heiligtums. Zeus erhielt nie einen wichtigeren Tempel in der Nähe, wie es der Fall in Olympia war. Nennt Homer nach Argos Mykene, als eine ihr liebe Stadt [4]), so meint er auch damit das Heraion von Argos, das von den beiden Städten gleicherweise entfernt lag. In Mykene selbst ist kein Heratempel gefunden oder erwähnt worden. Das Heraion war jahrhundertelang das grosse Heiligtum des ganzen Landes, wie etwa der Tempel von Jerusalem der Tempel Israels war. In der Landschaft nahm es eine Stelle wie auf einem Altar ein. Diese äusserst wichtige Situation wird am exaktesten von einem hervorragenden Fachmann der antiken Tempelbauten beschrieben. Er geht vom Altar, dem wesentlichsten Bau des griechischen Kultes aus [5]):

> „Etwas von dem Wesen des Altars erfährt man heute vielleicht noch in einem Heiligtum wie dem argivischen Heraion, einem der ältesten und ehrwürdigsten Griechenlands. Der Legende nach soll der älteste Tempel von Doros, dem Stammvater der Dorer, errichtet worden sein[6]). Er stand am Westabhang des Berges Euboea, hoch über der sich nach Süden breitenden Ebene auf einer rechteckigen Terrasse, deren Stützmauern aus mächtigen Steinen wohl schon im 8. Jh. aufgeführt wurden. Der früheste Tempel, von dem nichts erhalten blieb, wurde in der ersten Hälfte des 7. Jh.s durch einen Ringhallentempel ersetzt, der die ganze Terrasse einnahm. Ein Altar hatte auf ihm also keinen Platz. Als dieser Tempel im Jahre 423 abbrannte[7]),

---

[1]) Solche wurden neuerdings vorgetragen von Franz Rudolf Schröder,, Hera", *Gymnasium* LXIII (1956), 64 ff.; A. J. van Windekens „"Ηρα, (die) junge Kuh, (die Färse)' ", *Glotta* XXXVI (1958), 309 ff.; Walter Pötscher, „Hera und Heros", *Rhein. Mus.* CIV (1961), 302 ff.; „Der Name der Göttin Hera", *ebenda* CVIII (1965) 317 ff.

[2]) *Ilias* 4.51/52.

[3]) *Ilias* 4.8; 5.908 mit der Athene von Alalkomene, vgl. unten....

[4]) *Ilias* 4.52; die dritte Stadt, die er erwähnt, ist Sparta, in einem anderen Lande; nicht in Argos, sondern in Lakedaimon. In Sparta wissen wir von mehreren Heratempeln, darunter von einem der Hera Argeia, angeblich von der Frau des Akrisios, des Urkönigs von Argos gegründet, vgl. Paus. III.13.8.

[5]) Heinz Kähler, *Der griechische Tempel* (Berlin 1964), S. 8 f.

[6]) Vitruvius, *De architectura* IV 1 (84, 3).

[7]) Thuc. IV 133.

wurde er nicht auf der gleichen Stelle errichtet, sondern auf einer tiefer gelegenen Terrasse, an deren Nordseite schon am Ende des 7. Jh.s Hallen zur Aufnahme von Weihgeschenken entstanden waren, die deutlich machen, dass auf ihr die grossen Kulthandlungen und Feiern stattfanden, zu denen man von Argos (der Stadt) in festlicher Prozession herüberzog. Zu dieser Terrasse führte einst eine breite Treppe hinauf, von der nur wenige Stufen erhalten blieben. Dort, wo sie die Höhe der Kultusterrasse erreicht, erhebt sich auf ihr das Fundament eines quadratischen Altars, der sowohl nach der Art des Mauerwerks wie den Resten archaischer Keramik, die sich hier fanden, nicht erst entstanden sein kann, als man im 5. Jh. den neuen Tempel erbaute. Er stammt mindestens aus der Zeit, in der die Hallen an der Nordseite errichtet wurden; vielleicht aber ist er älter als sie, denn zwischen den Hallen an der Nordseite bleibt eine Lücke, durch die wohl ursprünglich einmal, möglicherweise über die Treppe, der Weg zum alten Tempel auf die oberste Terrasse hinaufführte. Vor diesem Altar, der bis an den äussersten Rand des Kultplatzes nach Süden vorgeschoben ist, breitet sich die weite Ebene, um die sich die alten Stätten legen, deren religiöser Mittelpunkt einmal dieses Heiligtum war, Mykene, Argos, Tiryns und Midea. Bis hinüber zu dem Gebirge, unter dem Argos liegt, geht von dem Altar der Blick über das flache Land, durch das einst der feierliche Zug nach den Wettspielen, die im Stadion von Argos stattfanden, herüberkam, um auf ihm der Göttin zu opfern, die die Herrin war der Ebene und ihrer Städte. Im Altar liegt der Anfang des Heiligtums."

Als Homer Hera ihre Lieblingstätten aufzählen liess, im 9. oder 8. Jh., muss wenigstens dieser Altar dagestanden haben. Die am Altar Opfernden müssen auch ihr *Gegenüber* gehabt haben. So hatten die Pylier [1]), oder die Milesier, die an ihrem riesigen Poseidonaltar, einem grossen Beispiel des Kultes ohne Tempel [2]), opferten, als ihr Gegenüber das *Meer*, in seiner unberechenbaren Beweglichkeit, Ruhe und Unruhe. Der Himmel, ein Schauplatz von Ereignissen, vermochte auch solch ein Gegenüber zu sein: eine Ebene, in ihrer Passivität, wie üppig sie immer auch war, kaum. Wurden der Ge, der Mutter Erde Opfer dargebracht, so gehörten dazu anders beschaffene Altäre. Irgendeine konkrete Erscheinung — mindestens so konkret, wie „Zeus" in seinem Aufleuchten — wenn nicht auf Erden, so am Himmel, wird als mögliches, wenn nicht stetiges, Gegenüber *durch die Logik* dieser Kultanlage gefordert. Der Historiker der griechischen Religion muss hier jene Logik aufgeben, welche diese Religion nicht kennt: die Logik einer exklusiven Namengebung. Wenn der Mond in

---

[1]) Vgl. oben S. 64-65.
[2]) Vgl. A. v. Gerkan, „Der Poseidonaltar bei Kap Monodendri", *Milet* I 4 (Berlin 1915).

gewissen mythologischen Erzählungen Selene heisst und seine besonderen Mythen hat, so könnte man denken, dass Hera im Geschehen des zunehmenden und abnehmenden Mondlichtes nicht erscheinen kann. Sie vermochte aber dies zu tun. Ein anderes Gegenüber ist hier nicht denkbar.

Die Terrasse des Heraions und das Gebiet unter und hinter ihr ist
als eine riesengrosse Kultbühne aufzufassen. Der Kult, der sich da
abspielte, darf ein mystischer Kult genannt werden. Nicht als ob hier,
wie in Eleusis, Initiationen in einem abgeschlossenen Gebäude vor
sich gegangen wären. Zur Annahme eines „Telesterion" [1]) gibt es
keine Grundlage in den Texten. Mystisch war der Kult, insofern als
ein Teil der Riten und der zu ihnen gehörenden Mythen nicht Allen
zugänglich war. Es wird ein Bach mit dem Namen „Befreiendes
Wasser" ('Ελευθέριον ὕδωρ) erwähnt, das die aus Mykene Kommenden
überqueren mussten [2]). Darin reinigten sich die Frauen, die im
Heiligtum und mit den mystischen Riten (τῶν θυσιῶν ἐς τὰς ἀπορρήτους)
beschäftigt waren [3]). Die Bezeichnung „Befreiendes Wasser" berechtigt zur Annahme, dass die Trägerinnen des Kultes einst tatsächlich
für frei erklärt werden mussten, solange sie die Zeremonien im Heiligtum ausführten: sie gehörten ursprünglich zu der von den Griechen
unterjochten Bevölkerung und führten einen älteren Herakult weiter.

Pausanias erwähnt den „geheimeren Mythos" (ἀπορρητότερος λόγος)
nicht, der sich auf den Granatapfel in der Hand der thronenden Hera,
der Kultstatue von Polykleitos, bezog, eine ziemlich durchsichtige Symbolik, die wir auflösen können [4]). Ausnahmsweise verrät er eine „geheime Erzählung" (λόγος τῶν ἀπορρήτων), von der Quelle Kanathos [5],)
in der sich Hera jährlich badete — d.h. ihre Statue gebadet wurde —
damit sie ihre Jungfräulichkeit wiedererlangt. Die Quelle befindet sich
bei dem Nonnenkloster Aja Moni von Navplion und wäre vom Heraion
aus sichtbar, wenn das Gelände in dieser Richtung keine Hügelland-
schaft wäre. Eine Prozession bis dorthin, um die Göttin zu baden, ist
denkbar, obwohl das Fest auch in einem engeren Umkreis um den
Tempel gefeiert werden konnte und sicher auch gefeiert wurde. Es
ist gleichfalls auf den mystischen Charakter der Mythen und Riten

---

[1]) So wurde das „East Building" bei Charles Waldstein, *The Argive Heraeum* I
(Boston und New York 1902), S. 9, Abb. 2 IV, von Gottfried Gruben, *Die
Tempel der Griechen* (München 1966), S. 99, Abb. 92, (Mitte 5.Jh.) qualifiziert.
[2]) Paus. II 17.1.
[3]) Paus. II 17.1.
[4]) Paus. II 17.4.
[5]) Paus. II 38.2.

des Heraions zurückzuführen, wenn Pausanias die Kultnamen, die Hera dabei trug, verschleiert angibt.

Die Verschleierung ist sehr durchsichtig. Der engere Umkreis umfasste drei Streifen der Landschaft, die die Namen Euboia, Prosymna und Akraia trugen. So hiessen, nach Pausanias, drei Töchter des Flussgottes Asterion — eines grösseren Baches, als das „Befreiende Wasser" —, die Ammen der Hera [1]: sie sind aber sicher die grosse Göttin selbst, in den drei Erscheinungsformen, in denen sie hier waltete. Die Akraia kann nur die Hera Akraia gewesen sein: „die vom Bergvorsprung", wie sie auch in Korinth [2]) und auf ihrem, Korinth gegenüber liegenden Sitz in Perachora hiess [3]). Sie gehörte mit diesem Namen zum Berg dem Heraion gegenüber, den Pausanias mit diesem Namen nennt [4]) und der heute die Kapelle des Elias Berbatiotikos trägt. Er ist ein langgestreckter schmaler Bergrücken [5]), auf seinem höchsten Punkt 720 m: der Höhepunkt der Erscheinungen der Göttin war damit ohne Zweifel verbunden. Von Prosymna sagt Pausanias, so heisse ein Ort (*chora*) *unter* dem Heraion [6]). Nach Strabon hatte auch dieser nahe Ort, der noch nicht wiedergefunden wurde, ein Hera-Heiligtum und war in seiner Zeit nicht mehr bewohnt [7]). Prosymna ist ein Name, der als göttlicher Beiname, wie wir sehen

---

[1]) Paus. II 17.1.

[2]) Eur., *Medea* 1379; *Schol. in Eur. Med.* 237; vgl. Humphry Payne, *Perachora*, Oxford 1940, S. 19 f.; *Hera Bunaia* in Korinth, Paus. II 4.7 ist ein anderer Name für *Hera Akraia*, vgl. den Kommentar zur Stelle in Hitzig-Bluemner, *Pausaniae Graeciae descriptio* (Leipzig 1899), I 2, S. 509 f.

[3]) Ein Besuch in Perachora 1956 überzeugte mich nicht davon, dass die Inschriftenreste, die nach Payne S. 78 „in the votive deposit over the Agora" mit den Buchstaben KPAI, AK und AKPA gefunden wurden, sich auf den in der Stadt stehenden Tempel (drei nacheinander folgende Bauten) beziehen mussten. Die Zuweisung des Tempels an der kleinen Bucht der *Hera Limenia* kann nicht zweifelhaft sein. Die *Hera Akraia* konnte ihren Sitz auch dort haben, wo heute der Leuchtturm steht: von dort konnten die Inschriftenreste heruntergerutscht sein. Zwischen der *Limenia* und der *Akraia* hatte Hera ihren Hauptkultort in der Mitte, wo nach Payne der Tempel der *Akraia* stand, doch wohl mit dem Beinamen *Leukolenos*, vgl. Payne S. 111 und 258. Die Stelle ist keine *akra*, sondern eher mit der *Euboia* im Heraion von Argos vergleichbar. Der Opferkult spielte sich am sog. „triglyph altar" ab. Zur Lage der *Limenia* bildet die Selemündung eine Parallele, vgl. unten S. 133-134.

[4]) II 17.2.

[5]) Vgl. Steffen, *Karten von Mykenai* (Berlin 1884), Text S. 40.

[6]) II 17.2.

[7]) Strabo VIII 6.11. Axel W. Persson suchte den Ort hinter dem Berg des Elias Berbatiotikos, beim Dorf Berbati, das nach dieser Annahme in Prosimni umgetauft wurde. Gösta Säflund nennt die Ausgrabungen, die er dort ausführte, richtiger ohne einen antiken Namen *Excavations at Berbati* (Stockholm 1965). Die ausgegrabene Siedlung ist frühhelladisch.

werden, zu einer tiefen Situation passt, wie Akraia zur höchsten. In der Mitte lag der Bereich, in dem sich das Heraion auf einer niedrigeren Erhöhung, einer Bergterrasse befand. Hier, zwischen der höchsten Region der *Akraia* und der tiefen der *Prosymna*, mit ihrem kleineren Heiligtum, hiess die Göttin und hiess auch der Berg, an dem sich die Bauten des grossen Heiligtums erhoben, *Euboia*, „die an Rindern Reiche" [1]).

Durchsichtig ist der Name des Flussgottes Asterion, wie der grössere, hinter den Bergen in Berbati entspringende Bach hiess im Hinblick auf Hera. *Asterion*, der „Sternfluss", weist auf den Himmel. *Asterion* war nach Pausanias auch eine Pflanze, die am Bach wuchs [2]). Aus ihren Blättern wurden Kränze für die Göttin geflochten: aus „einer Art Aster", schrieb Heinrich Schliemann [3]) und meinte damit eine „Sternblume", deren botanische Bestimmung nachher auch gelang [4]). Ein Vater und ein Kranz mit Andeutung der Sterne ziemten der Himmelskönigin. Das war hier Hera, in drei Erscheinungsformen: einer hohen, einer mittleren und einer tiefen.

Bei den Griechen war der dreissigtägige Monat und seine Dreiteilung üblich [5]). Der Mond konnte für sie drei Gesichter haben: als zunehmendes, volles und abnehmendes Zeichen einer göttlichen Gegenwart am Himmel. Diese Folgerung darf aus ihrer Mythologie ohne Voreingenommenheit festgestellt werden [6]). Man begegnet auf Schritt und Tritt *drei* Göttinnen, und zwar auch solchen, die nicht nur zufällig eine Gruppe von drei Personen, meist von drei Schwestern bilden, sondern weiblichen Dreiheiten, die jeweils fast nur eine einzige dreifaltige Göttin sind. Ohne jede Beschränkung war Hera eine solche Göttin, ausdrücklich als eine einzige Gottheit in drei Phasen bezeichnet in Stymphalos, wovon noch die Rede sein wird [7]). Nicht die Beschränkung auf Mondphasen, vielmehr die Erweiterung der Mondphasen wird dadurch gefordert: ihre Erweiterung um eine

---

[1]) Carl W. Blegen verlegte Prosymna in diese mittlere Region, gleichfalls ohne genügenden Grund, vgl. die Veröffentlichung seiner Ausgrabungen *Prosymna. The Helladic Settlement preceding the Argive Heraeum*, Cambridge 1937.

[2]) II 17.2.

[3]) *Mykenae*, Leipzig 1878, S. 29.

[4]) Vgl. August Frickenhaus, *Tiryns* I (Athen 1912), S. 121-25.

[5]) Vgl. Walter Sontheimer, „Monat", *P.-W.* XVI, 44 ff.

[6]) Vgl. meine *Mythologie*, S. 36 f. (dtv 392, S. 31), und meine *Niobe* (Zürich 1949), S. 26 ff. mit den antiken und den astronomischen Zahlangaben. Es ist unwissenschaftlicher Aberglaube, eine „Mondmythologie" bei den Griechen völlig ausschliessen zu wollen.

[7]) Vgl. unten S. 104.

Dimension, nach einer göttlichen Frauengestalt hin, die für die Verehrerinnen der Göttin im Mondlicht sichtbar wurde. Diese Auffassung würde sich aus den Gegebenheiten im Heraion von Argos als vollberechtigt ergeben, selbst wenn sie mit Angaben aus anderen Kultorten nicht unterstützt werden könnte.

Wollte man von der *Ebene* vor dem argivischen Heraion Wesensmerkmale der Göttin ablesen, weil die Heratempel von Samos und Paestum sich aus einem ähnlichen, fruchtbaren Flachland erheben, so könnte man schon mit der Akraia auf der Spitze des Elias Berbatiotikos nichts anfangen. Es ist zwar schwierig, eine Phase der feierlich ausgeführten Kulthandlungen an solchen, schwer zugänglichen Stellen sich vorzustellen, wie dieser Berggrat oder die Spitze des Ochaberges auf Euboia [1]). Dennoch kann man, wenn auch keinen kultischen, so doch einen mythischen, in den heiligen Geschichten hervorragenden Ort in solchen Höhenlagen erblicken: einen Höhepunkt im Mythos der Göttin, den sie als *Hera Teleia* erreichte. *Akraia* besagt topographisch das Gleiche, wie *Teleia* im Mythos und am Himmel, wenn der Mond in die Phase seiner Fülle tritt. In Hermione, an der östlichen Küste der Argolis, stand auf einem niedrigeren Berg ein Tempel der Hera, die dort als *Parthenos*, „Jungfrau" verehrt wurde[2]) auf einem höheren, ausserhalb der Stadt, stand aber der Tempel der Hera Teleia und des Zeus, der sie dort verführte [3]). Die Vollmondzeit wird dafür nicht angegeben, es war aber in Griechenland auch Sitte — keine einheitliche und überall herrschende — die Hochzeiten beim Vollmond zu halten [4]). In diesem Fall wurden sie sicher als Fest der Hera Teleia gefeiert.

Es ist aus einem bestimmten Grund nicht wahrscheinlich, dass eine Feier des Gamos im Heraion von Argos mit der Akraia und dem Vollmond verbunden gewesen wäre. Der Berg mit dem Tempel der Hera Teleia bei Hermione hatte sprechende Namen. *Kokkyx* oder *Kokkygion*, „Kuckuck" oder „Kuckucksberg" [5]), war ein sicher nur mit diesem Gipfel verbundener Name. Er verdrängte den älteren Namen *Thronax* oder *Thornax*, „Schemel", und beruhte auf dem Mythos der Verführung der Hera durch Zeus, auf den schon an-

---

[1]) Doch vgl. unten S. 113.
[2]) Paus. II 36.2; Steph. Byz. *s.v. Hermion.*
[3]) Vgl. unten, Anm. 5.
[4]) Dies betonte, ohne Beachtung eines so wichtigen Gegenbeispiels, wie das Athenische, mit der bei ihm üblichen Einseitigkeit, M. P. Nilsson, *Die Entstehung und religiöse Bedeutung des griechischen Kalenders* (2. Aufl., Lund 1962), S. 41.
[5]) Schol. in Theocr. XV 64; Paus. II 36.1-2.

gespielt wurde [1]). Der Verführungsmythos setzt den anderen Namen, der den „Thronschemel" unter den Füssen der Hera bedeutete, voraus. *Sie* thronte da: der Vogel Kuckuck, in den sich Zeus verwandelte, brauchte keinen Thron und Schemel. Es heisst, dass Hera sich von den übrigen Göttern getrennt hatte — ein Motiv, das in ihrem Kult sonst besser begründet ist — und so gelangte sie in dem Gewitter, das Zeus entstehen liess, auf den Berg, der ja ihr gehörte. Sie sass dort, wo später ihr Tempel stehen sollte, liess den frierenden Kuckuck auf ihren Knien sich niederlassen und umhüllte ihn mit ihrem Gewand. Da liess sich Zeus als ihr Freier zeigen. Sie berief sich zuerst auf die *Mutter*, die eine Liebschaft mit dem Bruder verbot [2]), wurde aber seine Gattin. Die ganze Erzählung lässt Zeus als den Eindringling in den mutterrechtlichen Bereich, in dem Hera da thronte und herrschte, noch erkennen. Den Griechen war die Tücke des Kuckucks, mit der er in fremde Nester Eier legt, wohlbekannt [3]). Zeus wird durch diese einzigartige mythologische Schöpfung *in die Geschichte der Herareligion von Argos genau eingeordnet*. In Hermione — nicht weit von Argos — lebte auch die Tradition, dass Zeus und Hera, aus Kreta kommend zuerst dort landeten [4]). Dies mag in Bezug auf Zeus gleichfalls eine Spiegelung des geschichtlichen Vorgangs gewesen sein.

Im Heraion von Argos wurde auf die Kuckuckshochzeit Bezug genommen, doch diese war mit der Landschaft von Hermione verknüpft. Daher ist es nicht wahrscheinlich, dass dort ein Gamos der Akraia zur Vollmondzeit gefeiert wurde. Der Vogel Kuckuck bildete ein Motiv der Marmordekoration des klassischen Tempels, der nach 423 v. Chr. erbaut wurde [5]). Und er sass auf dem Zepter der thronenden Hera, der goldenen und elfenbeinernen Kultstatue, die Polykleitos für den Tempel schuf. Man erzählte dazu, Hera hätte auf den Kuckuck gejagt und Zeus erwischt [6]). Daraus eine Kulthandlung auf dem Berg der Akraia zu konstruieren, wäre eine überflüssige Annahme: so nah liegt der Kuckucksberg von Hermione. Die Verbindung der Verehrung der Akraia mit dem Vollmond — mit kleineren Zeremonien monatlich, mit grossen jährlich — hat unabhängig von jeder weiteren Annahme eine Berechtigung für sich. Ebenso die Ver-

---

[1]) Vgl. oben S. 99.
[2]) Oben S. 90.
[3]) Vgl. Otto Keller, *Die antike Tierwelt* II (Leipzig 1913), S. 64 f.
[4]) Steph. Byz. *s.v. Hermion.*
[5]) Waldstein, *The Argive Heraeum* I, S. 124, Abb. 61.
[6]) Paus. II 17.4.

knüpfung des Tiefpunktes im Heramythos mit der Prosymna und der Neumondzeit.

Von diesem Tiefpunkt weiss Homer. Zeus spielt in der Ilias auf eine freiwillige Zurückgezogenheit der Hera an, wenn er ihr zuruft [1]):

> Doch dein, der Zürnenden acht ich
> Nichts, und ob du im Zorn an die äussersten Enden entflöhest
> Alles Lands und Meers, wo Iapetos drunten und Kronos
> Sitzen, von Helios nie, dem leuchtenden Sohn Hyperions,
> Noch von den Winden erfreut, denn tief ist Tartaros ringsum!
> Nicht, ob auch dort hinschweifend du wanderst...

> (Übers. von Johann Heinrich Voss)

Eine freiwillige Wanderung Heras durch die Unterwelt wird da angedeutet. Mit dieser Andeutung stimmt ein Vers überein — ohne auf ihr zu beruhen — den Vergil seiner Juno, der weitgehend nach Hera modellierten Götterkönigin der Aeneis, in den Mund gibt [2]):

> *flectere si nequeo superos, Acheronta movebo* —

> „vermag ich die Himmlischen nicht zu bewegen, so setze ich die Unterwelt in Bewegung".

Vergil wagt es, bei der Schilderung der Unterweltsfahrt des Aeneas, durch die Bezeichnung *Iuno inferna* [3]) die Königin des Totenreiches, Proserpina, die griechische Persephone, neben die Götterkönigin zu stellen, wahrscheinlich, weil er um die Religion der Hera in Argos — seiner *Iuno argiva* [4]) — Bescheid weiss. Der Granatapfel, den die thronende Hera des Polykleitos hält [5]), charakterisierte deutlich die Göttin als eine zweite Persephone: eine Königin der Unterwelt, wie diese [6]). Die von Pausanias erwähnte geheime Geschichte erzählte davon mehr [7]). Vergils Anspielungen sind von seinen Erklärern nicht verstanden worden. Sie sind mit dem Kult der Prosymna zu verbinden. Dieser Beiname weist in die gleiche Richtung, nach dem unterweltlichen Aspekt der Hera.

Prosymnos hiess der Wegweiser des Dionysos nach der Unterwelt

---

[1]) *Ilias* 8.477-82.
[2]) VII 312.
[3]) Aeneis VI 138. Nach Eduard Norden, in seinem Kommentar, wäre dies von Vergil selbst kühn gebildet: ein *unicum*.
[4]) Aeneis III 547.
[5]) Paus. II 17.4.
[6]) Vgl. mein *Eleusis* S. 134 ff.
[7]) II 17.4.

in Lerna [1]), einem Eingang zum Hades durch das Wasser des Sumpfes. Prosymne war der Beiname der Demeter im gleichen unterweltlichen Bereich [2]), der zur Landschaft von Argos gehörte. Eine Übersetzung des archaischen Kultnamens *Prosymnos* wird uns mit *Polymnos* oder *Polyymnos* gegeben [3]): eine sehr deutliche Erklärung, weil ein Wesen, das mit der Unterwelt in Verbindung stand, an gewissen Festen mit Hymnen „angesungen" wurde, in der Person des Prosymnos ein phallisches Wesen [4]), oder wenn es ein weibliches Wesen war, eine Göttin, die mit Gesängen gerufen und begleitet wurde. So riefen Chöre den neuen Mond in der Zeit, als er noch unsichtbar in der Dunkelheit weilte. Dies wird in Athen in Bezug auf Pallas Athene, die „Kore der Athener" überliefert, die mit dem Neumond geboren wurde [5]). Das gleiche ist von Hera als Prosymna anzunehmen, in der Neumondzeit, in ihrem kleinen Heiligtum, unterhalb des grossen, des Heraion von Argos.

Es darf als Fortsetzung angenommen werden, dass die Prosymna vom Ort ihres Wiedererscheinens — eine Holzfigur, wie die Holz-statue auf Samos, die im Lygosgebüsch „wiedergefunden" wurde [6]) — zum Bad geführt wurde, in einer Prozession, die aus den „befreiten" Frauen bestand [7]). Dies geschah jährlich einmal [8]). Das Bad, in dem die Göttin, nach der „geheimen Geschichte" von der Quelle Kanathos ihre Jungfräulichkeit wiedererhielt, ist nach der inneren Konsequenz des Geschehens, das Hera zu Zeus zurückführte, als Reinigungs- und Brautbad aufzufassen. Der mystische Gesang der Knaben von der frühen Vereinigung von Zeus und Hera, von dem Dion von Prusa spricht [9]), kann nachher erklungen haben, bei der Hochzeit des Götterpaares, die im Heraion, kurz nach dem Erscheinen des neuen Mondes, im Tempel stattfand. Die Zeremonie hiess *lecherna* [10]), vom Bett (*lechos*). In der Vorhalle sah Pausanias „Heras Bett" [11]), ein Requisit des Kultes, das auch als Weihgeschenk dargebracht werden

---

[1]) Paus. II 37.1; Clemens Alexandrinus, *Protrepticus* II 34; vgl. meine *Mytholo-gie*, S. 251 f., (dtv 392, S. 203).

[2]) Paus. II 37.1.

[3]) Vgl. Höfer „Polymnos", Roscher, *Lex.* III 2657 ff.

[4]) Vgl. meinen *Dionysos*, II Kap. 2 (Die mythische Opferzeremonie).

[5]) Eur., *Heraclidae* 777-83; vgl. meine „Jungfrau und Mutter", S. 42.

[6]) Vgl. unten S. 130.

[7]) Vgl. oben S. 96.

[8]) Paus. II 38.2.

[9]) Vgl. oben S. 85.

[10]) Hesych *s.v. lecherna*.

[11]) Paus. II 17.3 κλίνη τῆς "Ηρας.

mochte. Die Hausmodelle in den Heratempeln [1]) waren andere
Weihgeschenke, die den Gamos andeuteten, wie er der Göttin genehm
war [2]).

Nach der Überwindung des Tiefpunktes im periodischen Sein der
Hera gingen die Kulthandlungen in der mittleren Region vor sich,
die Euboia hiess, wie die Göttin im grössten Teil ihres Kultjahres.
Die Himmelskönigin erfreute sich an ihren Lieblingstieren, die ihr
in Hekatomben geopfert wurden [3]): in früheren Zeiten Opfer des
Volkes in Stellvertretung seiner selbst, nachher als gemeinsame
Mahlzeiten der Göttin und ihrer Untertanen. Auf Griechenlands
Nachbargebieten ergab die Vor- und Frühgeschichte dieses Ergebnis:
„Die Heranziehung des Rindes hängt aufs engste mit dem Kultus der
Mondgöttin zusammen, deren heiliges Tier das Rind in den allerältes-
ten Kultvorstellungen des vorderasiatischen Kulturkreises gewesen
ist" [4]). Die Hörner des Rindes wurden nach dieser Beobachtung zum
Symbol der Mondsichel. Die minoischen „horns of consecration"
sind das nächstliegende Beispiel. Die Augen der *boopis potnia Here*
der „kuhaugigen Herrin Hera", drückten zurückhaltender, als es
Hörner getan hätten, ihren Mondcharakter aus. Sie war aber in ihrem
grossen, zum Teil geheimen, zum Teil öffentlichen Kult vor allem
die *Frau als Göttin*, sogar in den Wandlungen, die mit den Mondphasen
übereinstimmten.

Ihren Mondcharakter konnte sie kaum anderswo besser entfalten,
als im berückenden Mondlicht, das man in Griechenland kennt [5]),
über grossen Wasserflächen, wie die des Sumpfsees von Stymphalos
waren. Ganz bewachsen war dieser nicht und ein Gebüsch von
Sumpfpflanzen kam der Göttin an ihrem Tiefpunkt auch gelegen. Die
Ruinen der Stadt Stymphalos liegen auf einer mässigen, länglichen
Erhebung am Nordende des heute weitgehend ausgetrockneten Sees.

---

[1]) Im Heraion von Argos (die Rekonstruktion abgebildet bei Erika Simon,
Die Götter der Griechen, München 1969, S. 39, Abb. 27) und in Perachora, vgl.
Payne, a.O., S. 34 ff.; 42 ff. und Tafel 9.

[2]) Vgl. oben S. 83-84.

[3]) *Schol. in Pind. Ol.* VII 152a τὰ Ἥραια . . . καὶ Ἑκατόμβαια λέγεται διὰ τὸ
πλῆθος τῶν θυομένων βοῶν Über den Sinn der Hekatomben oben S. 63.

[4]) F. Orth, „Stier", *P.-W.*, III A, 2497.

[5]) Auf das Monderlebnis auf Samothrake bereitete mich der Archäologe
Carl Lehmann vor, dem keine Sympathie mit romantischer Mythologie nachgesagt
werden kann. Die Wirklichkeit übertraf die Erwartung: der Vollmond ist eine
konkrete, existenzielle Erfahrung auf dem Boden des samothrakischen Heiligtums — und nicht nur dort, sondern im ganzen geographischen Bereich der griechischen Religion.

Die Ausgrabungen haben hier keine so klare Situation geschaffen,
wie im Heraion von Argos [1]). Wir sind immer noch ganz auf Pausanias
angewiesen. Er spricht von drei Heratempeln in Stymphalos [2]). Nach
ihm wurden sie von Temenos, Sohn des Pelasgos gegründet, einem
Ureinwohner des Landes Arkadien, der die Göttin hier erzogen hatte
und ihr die in Stymphalos üblichen drei Beinamen gab: solange sie
noch die *Parthenos* war — so hiess sie in dieser Phase sonst [3]) — den
Namen *Pais*; nachdem sie Zeus heiratete, nannte er sie *Teleia*; nachdem
sie aber sich „mit Zeus entzweite und nach Stymphalos zurückgekehrt
war" — zurückgekehrt zum Sumpfsee —: *Chera*. Aus diesem Wortlaut
folgt, dass der Tempel der Hera Teleia auf einem der hohen Berge zu
suchen wäre, die den See umgeben, der Tempel der *Pais* wahrscheinlich in der Stadt und der der Chera dicht am See.

Parthenos und *Pais*, „Jungfrau" und „Mädchen" hatten im Heramythos keineswegs den eindeutigen Sinn, ohne Mann, ohne den
Brudergatten zu sein! Sie bedeuteten vielmehr geheime Liebschaft
mit ihm, um die Homer wusste [4]) und über die es auf Samos eine besondere Überlieferung gab. Man erzählte dort, dass dieser Zustand
die Dauer von dreihundert Jahren hatte [5]). In Hera war die *Frau und
Gattin* von jeher da, in allen Formen der weiblichen Liebesphantasie,
ohne deswegen polygam zu sein [6]). Allein die Bezeichnung *Chera*,

---

[1]) Das war mein Eindruck bei einem Besuch in Stymphalos 1970. Sicher falsch
war die Feststellung eines „Götterthrons", vielleicht Throns der Hera, durch
Heinrich Lattermann und F. Hiller v. Gaertringen, „Stymphalos" *Athenische
Mitteilungen* XL, 1915, S. 76, Abb. 3. Der „Thron" gehört zu einer wirklichen
Grabkammer im Gebiet der Gräber. In den *Praktika Arch. Et.* 1929, S. 29 heisst
es, A. Orlandos stelle durch die Inschrift ΠΟΛΙΑΔΟΣ endlich fest, der Tempel auf der Akropolis gehöre der Hera! Als *einziger* Beweis taugt sie nicht viel.

[2]) VIII.22.2.

[3]) Bezeugt für Hermione (vgl. oben S. 90) und für die Insel Euboia, *Schol. in
Pind. Ol. VI 149 e.* Pindar selbst nennt sie *Parthenia*, wie sie auf Samos hiess,
vgl. unten S. 128.

[4]) Oben S. 82.

[5]) Callim. *fr.* 48 Pfeiffer; *schol. in Hom. Il.* 1.609; unten S. 128.

[6]) Vgl. ihre monogame Aeusserung, ehe sie, in Verbindung mit der Unterwelt,
den Typhaon empfängt Hom. *Hymn. Ap.* 328. In Verbindung mit einem weiteren
Sohn der Hera, dem *Prometheus*, der in Athen ein zweiter Hephaistos war, nannte
der hellenistische Dichter Euphorion einen unterweltlichen Liebhaber der Hera,
den Giganten Eurymedon. Von ihm soll Hera die Mutter dieses Sohnes geworden
sein, der so gut zu ihrer feindseligen Phase passte, vgl. J. U. Powell, *Collectanea
Alexandrina* S. 48, fr. 99 und meinen *Prometheus*, S. 40 und 65. Zum alten Mythos
gehörte Heras Beiwort *Pynna* (Hesych *s.v.*), das die Göttin zu einer knabenhaften
Spielgenossin des Zeus stempelte, vgl. Sam Eitrem, „Hera", P.-W., VIII 1, 392.
Ihr Spiel mit dem Mund, das durch die naturphilosophische Deutung des Chrysip-
pos berüchtigt geworden ist (*Stoic. vet. fr.* II, 1071-74), auf einer angeblich im

„Witwe", fordert die Annahme eines Tiefpunktes ohne Mann im Reigen der drei Phasen, die in Stymphalos so eindeutig in Hinblick auf das Frauendasein überliefert sind. Doch gerade die natürlichste Erklärung des tiefsten Zustandes, die in der wörtlichen Bedeutung des Witwentums bei der Gattin des Zeus keine Berechtigung hätte, führt zum Mondlauf.

Offen wiesen die Römer die mit dem Mondmonat gemessene Periodizität der Frauennatur — *provinciam fluorum menstruorum* — ihrer Juno zu [1]). Sie reden von einer *Iuno Fluonia* [2]) und kennen sogar eine Periode der „Enthaltsamkeit des Jupiter" *castus Iovis* [3]), die erst in diesem Zusammenhang verständlich wird: als Enthaltsamkeit des Ehepaares Jupiter und Juno. Ihr Anthropomorphismus geht in diesem Fall sogar über den des archetypischen Paares Zeus und Hera hinaus. Es ist kaum anders zu erklären, als dass das höchste Götterpaar der Römer historisch nicht in der Nachahmung des griechischen Götterpaares entstand und es noch übertraf. Der Mythos von der Enthaltsamkeit des Paares folgte aus der archetypischen Gegebenheit auf die natürlichste Weise.

In Griechenland bietet die Pflanzenmythologie [4]) und die medizinische Literatur weitere Anhaltspunkte. Hier genüge eine allgemeinere Bemerkung. Es scheint, dass die Periodizität der Frauen unter archaischen Verhältnissen nicht nur im allgemeinen der Periodizität des Mondes entsprach, sondern dass sie sich noch genauer nach den Mondphasen richtete. Dass dies bei den griechischen Frauen einmal mehr der Fall war oder wenigstens mit einigem Grund geglaubt wurde, dass es so war, bezeugten Empedokles, Aristoteles und der Arzt Diokles [5]). Nach diesen erfolgten die *katamenia* — wie sie griechisch hiessen — bei abnehmendem Monde, nach Aristoteles sogar in der Neumondzeit. Spätere Gynäkologen, wie Soranus, bestritten es. Der Umstand, dass die Hochzeiten der Paare in einer Stadt

---

Heraion von Argos oder von Samos aufgestellten Votivtafel, bezog sich wahrscheinlich auch auf die Spiele des Götterpaares, wenn es sich überhaupt auf das göttliche Paar bezog. Bemerkenswert ist, dass solch ein erotisches Denkmal in einem Heraheiligtum möglich war.

[1]) Varro bei Augustinus, *De civ. Dei* VII, 2.
[2]) Festus (Paulus) 92.
[3]) CIL I 1², 360 und 361a.
[4]) Vgl. Wilhelm Heinrich Roscher, „Juno und Hera", *Studien zur vergleichenden Mythologie der Griechen und Römer* II (Leipzig 1875), S. 38 ff.
[5]) Aristoteles, *De historia animalium* VII 2, 1; Soranus, *Gynaecol.* 21, p. 185 Rose; Empedocles A 80 Diels; über die gegenseitige Beziehung von Aristoteles und seinem Schüler Diokles vgl. Werner Jäger, *Diokles von Karystos* (Berlin 1938).

an einem bestimmten Tage — oder in einer kurzen Zeitspanne —
gehalten werden *konnten*, spricht für eine feste, gemeinsame Zeit der
katamenia, die die gemeinsamen Hochzeiten möglich machte. Die
Wahl der Zeit war keine individuelle Angelegenheit.

In Athen fiel diese Zeit im Monat Gamelion ursprünglich wohl
nach der Neumondzeit [1]). Die gleiche Zeit ergab sich für die Feier der
Hochzeit der Hera in Argos. Da die grosse Zeiteinheit im Leben der
Natur und auch in der Welt des griechischen Menschen das Sonnen-
jahr war, wurde jene finstere Mondzeit der Frauen—ebenso, wie die
hochzeitliche Vereinigung der Frauen und Männer — jährlich nur
einmal auf die staatliche Gemeinschaft bezogen und als Fest begangen.
Das Zeichen gab wahrscheinlich das Erscheinen eines neugeborenen
Mondes am Himmel. Hera, die beides war: Frau und himmlisches
Wesen, erhob sich aus ihrem Reinigungsbad wieder als Jungfrau zur
Hochzeit. Ich glaube, auch der Tempel der Hera Chera in Stymphalos
sei mit grosser Wahrscheinlichkeit am Wasser anzusetzen: diese
Situation war zur Ausführung der Zeremonie des Bades die gegebene.
In ähnlicher Lage wurde der Tempel der Hera Limenia „der Hera am
Hafen" in Perachora gefunden [2]).

Die Ausgrabungen im argivischen Heraion und in seiner Umgebung [3]) haben eine Anzahl von den auch sonst verbreiteten prähistorischen Frauenidolen zutage gefördert, die ebenso eine allgemeine Frauengöttin wie die Mondgöttin darstellen könnten: es ist
nicht einzusehen, warum diese letztere Bezeichnung ausgeschlossen
werden sollte, nachdem sie der Hera, wenn nicht als ausschliessliche,
so doch als berechtigte Charakteristik offenbar zukommt. Ein Typ
dieser schematischen Figuren ist als „idole de croissant" bekannt, ein
anderer ist eher vollmondförmig [4]). Es ist im Material selbst gegeben,
dass man in ihnen die Zeugen einer prähistorischen Mondreligion
erblickt, die, gleichsam ein Grundriss, mit weiblich-menschlichem
Gehalt gefüllt, zur Herareligion wurde. Die „mittelhelladische

---

[1]) Vgl. oben S. 87, Anm. 1 und 2.

[2]) Payne, a.O., S. 14 und 110 ff., aus der Mitte des 8. Jh.s. Der Herakult in der
Mitte, der Tempel der *Leukolenos* (oben S. 97, Anm. 3) geht in das späte 9. Jh.
zurück.

[3]) Blegens „Prosymna", vgl. oben S. 98, Anm. 1. Ein schönes Beispiel des
Croissant-Typs, dem der Kult „der mykenischen Hera als Mondgöttin" aus
Tiryns bei Ludwig Drees, *Olympia* 1967, Abb. 2b galt. Die Tendenz des Verfassers,
die Heiligkeit Olympias auf Fruchtbarkeitskulte zurückzuführen, ist grundfalsch.

[4]) Vgl. die zwei Typen in Gruppen zusammengestellt bei Blegens, a.O., II,
Taf. 148, Abb. 612 und Taf. 149, Abb. 611.

Periode", etwa von 2000 an, scheint als Anfangszeit keine allzufrühe Ansetzung zu sein.

Auf der Peloponnes ist es Olympia, ausserhalb der Peloponnes Böotien, die auf dem griechischen Festland noch substantielle Beiträge zur Geschichte der Herareligion liefern. Die Ebene am Alpheiosfluss, deren Einwohner wahrscheinlich schon im mykenischen Pylos erwähnt werden [1]), wurde von Zeus in Besitz genommen. Sie wird von einem Hügel beherrscht, der als Hügel des Kronos bekannt ist und diese Besitzergreifung leicht verständlich macht [2]). Wie auf dem Lykaion [3]), herrschte hier die mit dem El der Westsemiten identische Gottheit. Ihre Priester stammten von einem vorgriechischen königlichen Geschlecht ab und hiessen *Basilai*, ein Name, den sie von Königinnen (*basilai*) geerbt haben [4]). Schon Kronos scheint hier eine weibliche Herrschaft verdrängt zu haben, noch mehr tat es Zeus.

Hera erscheint neben ihm in einem Zustand, der vornehmer ist als der einer ganz untergeordneten Göttin und dennoch eine Unterlegenheit zeigt. Die siegreiche Überlegenheit der Zeusreligion in Olympia ist ein hervorragendes Phänomen der griechischen Religionsgeschichte, das wir als eine entscheidende historische Tatsache hinzunehmen haben. Die Zeusreligion von Olympia war mit allen ihren Fakten, zu denen neben den unendlichen Rindopfern auch die Wettkämpfe und schliesslich die Errichtung des Tempels und der bewunderten Statue von Pheidias gehörten, die ausschliessliche Angelegenheit von Männern. Den Mythos eines göttlichen *Paares* forderte sie nicht. Dennoch darf dieser Mythos auch in Olympia in seiner homerischen Form angenommen werden.

Es ist undenkbar, dass die Zeusreligion die Herareligion mit sich gebracht hätte, nur um sie in den Schatten zu stellen. Sie war auch nicht die älteste Frauenreligion in Olympia. Zu Kronos gehörte Rhea, die Mutter der Götter. Und nicht etwa die Herapriesterin, sondern die Priesterin der Demeter Chamyne — der mit dem Boden verbundenen Göttin — durfte als einzige Frau den Wettspielen der nackten Männer zuschauen, wohl auf Grund einer Nachbarschaft, in der die wetteifernden Männer die später Kommenden waren und den

---

[1]) Vgl. Hugo Mühlestein, *Die oka-Tafeln von Pylos*, Basel 1956, S. 20 f.; der Bezug auf Olympia am Alpheios scheint nach unserer heutigen Kenntnis des pylischen Gebietes gesichert zu sein.

[2]) Über die ältesten Kulte in Olympia vgl. Hans-Volkmar Herrmann, „Zur ältesten Geschichte in Olympia", *Athen. Mitt.* LXXVII (1962), 3 ff.

[3]) Vgl. oben S. 32-33.

[4]) Dies folgt aus der Wortbildung, vgl. oben S. 40.

Boden zum Stadion von Demeter wegnahmen. Später erhielt Hera
einen Altar im Stadion. Sie hiess da die Hippia, neben dem Poseidon
Hippios [1]). Der Grund war hier wahrscheinlich, dass Wettläufe für
Hera in weiblichem Kreis von jeher bestanden [2]); sie sollte nach-
träglich auch am Wagenrennen der Männer teilhaben.

Ihr wurde aber der erste Tempel in Olympia erbaut, viel früher als
dem Zeus. In der Form, in der er ausgegraben wurde, doch ursprünglich mit hölzernen Säulen versehen, stammt er aus der zweiten Hälfte
des 7. Jh.s [3]). Eine noch frühere Zeit des Tempelbaues wird angegeben. Danach stammte der erste Tempel der Hera aus der Zeit um
1000 v. Chr. [4]). Die Vorliebe der Göttin für das Haus [5]) macht diese
Tradition glaubwürdig. Nur in Bezug auf die Form muss eine Einschränkung gemacht werden, sofern der „dorische Tempel" für das
Heraion von Argos erfunden war [6]) und erst nachdem ein Tempel der
Hera seit 300 Jahren schon in Olympia stand, auch hierher übertragen
wurde. Ein *Haus* — vielleicht eines unter den in der Nähe des Heratempels ausgegrabenen, die heute als prähistorische Wohnhäuser
angesehen werden — konnte ihr früher eigen gewesen sein, wie der
Altar, auf dem ihr von jeher die Opfer dargebracht wurden. Zeus,
mit seinem zum Hügel anwachsenden Aschenaltar, hätte für immer
auch ohne Tempel bleiben können, wenn dieser Ausdruck der Verehrung, der Tempel als Geschenk an die Gottheit, nicht durch die
Herareligion nach Olympia gelangt wäre.

Es ist aus inneren Gründen wahrscheinlich, dass die Wettläufe von
Mädchen, die am Fest der Heraia alle vier Jahre gehalten wurden,
älter waren als die männlichen Agone in Olympia [7]). Der Wettlauf
besass im Bereich der Mondgöttin Hera noch *seinen ursprünglichen Sinn*:
die Mädchen zelebrierten auf diese Weise den fast sichtbaren Lauf des
Mondes am Himmel. Sie liefen in *drei* Altersgruppen, was bei dem
Laufen der Knaben, einem erst im 7. Jh. eingeführten Agon [8]),
nicht der Fall war. Das Wettlaufen selbst bildete aber immer einen

---

[1]) Paus. V 15.5.
[2]) Vgl. S. 108-109.
[3]) Kähler, a.O., oben S. 94, Anm. 5.
[4]) Nach dem Datum, das Paus. V 16.1 angibt: das achte Jahr der Herrschaft des
Oxylos in Elis.
[5]) Vgl. oben S. 83-84.
[6]) Vgl. oben S. 94.
[7]) Die gut begründete Ansicht von Ludwig Weniger, „Das Hochfest des Zeus
in Olympia", *Klio* V (1905), S. 30.
[8]) Vgl. Ludwig Ziehen, „Olympia" *P.-W.* XVIII 1, 17.

wichtigen Teil[1]), wenn nicht den Kern der Spiele! Das Haar der
Läuferinnen war heruntergelassen, ihr Gewand reichte knapp über
das Knie und liess die rechte Schulter bis zur Brust frei. Der Preis war
ein Olivenkranz und ein Anteil an der Hera geopferten Kuh[2]). Die
Siegerinnen erwiesen sich als die der Göttin würdigsten, kamen ihr
am meisten gleich.

Die wahrscheinlichste Annahme ist[3]), dass die Herareligion
Olympia früher erreichte, als die Zeusreligion. Klar und eindeutig
spricht dafür der Umstand, dass im Heratempel die Göttin thronend,
Zeus *neben ihr stehend* dargestellt war[4]). Sie hatte Zeus, als den einzigen
ihr würdigen Gemahl, hier aufgenommen. Sonst hätte jenes Standbild
nicht so deutlich die untergeordnete Stellung des höchsten Gottes von
Olympia neben der Göttin ausgedrückt[5]). Pausanias beschreibt den
stehenden Zeus neben der sitzenden Hera als behelmten bärtigen
Mann. Unbärtige, behelmte Statuetten, unter den Bronzefunden von
Olympia aus dem 8. und 7. Jh. kommen aber für diesen Zeus auch in
Betracht[6]). Die archaische Auffassung war in diesem Fall, dass die
Himmelskönigin sich in Zeus einen schönen, jungen Gatten gewählt
hatte. Der Mythos von Heras früher Gattenwahl, bei Homer und in
heiligen Hymnen des argivischen Kultes[7]), durfte mitwirken. In
Olympia wurde nicht nur das Bewusstsein der griechischen Männer
mächtig gehoben, sondern auch das Bewusstsein des Frauengeschlech-
tes, das sich in Hera wie in einem höheren Bilde seiner selbst erkannte,
und gehoben durch die Göttin, hob es seine Hera ebenfalls. Solche
Frauen waren es noch, die den Schöpfer der Herrinnengestalt der
Königin Sterope im Ostgiebel des Zeustempels[8]) inspirierten.

Die über Jahrhunderte sich hinziehende Reihe der Votivstatuen aus
Ton und Bronze darf als eine konkrete Grundlage der Kultgeschichte
von Olympia benützt werden, als Führung in der Zeit *vor* den Tempel-

---

[1]) Ziehen, a.O., S. 18.

[2]) Paus. V 16.2-3.

[3]) Dies und das Folgende in Gegensatz zur Auffassung von Herrmann, a.O.,
S. 13 ff., der die ältesten Votivstatuen dem Kronos zuweist.

[4]) Paus. V.17.1.

[5]) Die Situation wurde schon richtig als untergeordnete Stellung gedeutet von
Emil Kunze, „Zeusbilder in Olympia", *Antike und Abendland* II (1946), S. 102,
Anm. 15.

[6]) Kunze, a.O., Abb. 5-13 mit seiner Deutung.

[7]) Vgl. oben S. 82.

[8]) Vgl. über den Giebel das zusammenfassende und in der Interpretation
vorwärts dringende Werk von Marie-Luise Säflund, „The East Pediment of the
Temple of Zeus at Olympia", *Studies in Mediterranean Archaeology* XXVII (Göte-
borg 1970).

bauten. Als blitzschwingende bärtige Figur erscheint Zeus von Anfang des 5. Jh.s an [1] — keineswegs so früh, wie Wilamowitz auf
Grund der ersten Funde anscheinend dachte [2]). Bei den behelmten,
unbärtigen Statuetten aus der ersten Hälfte des 8. und aus dem 7. Jh.
ist es präziser, vom Kultgenossen der Hera zu reden, als von Zeus.
Den Beinamen *Parastates*, ,,der daneben Stehende'', trug nicht Zeus
in Olympia — er war faktisch ein ,,daneben Stehender'' — sondern
Herakles. Ihm waren zwei Altäre geweiht, was in Anbetracht dessen,
dass er als Gründer der Spiele galt, in Olympia als zu wenig erscheinen muss [3]). An einem Altar wurde er als *Herakles Parastates*
und als Idäischer Daktylos verehrt [4]) (den Beinamen *Parastates* wiederholt Pausanias [5])), am anderen Altar in der Gesellschaft von
Kureten [6]), worunter in der Gestalt junger Krieger gleichfalls die
idäischen Daktylen verstanden wurden [7]). Wäre seine Rolle als
Parastates nicht betont mit seiner Eigenschaft als Idäischer Daktylos
verbunden, so dürfte man Herakles im behelmten Unbärtigen mit
mehr Recht erkennen, als Zeus.

Herakles, der Heros der Zwölf Arbeiten, war ein Diener der Göttin,
der ihren Namen im eigenen Namen trug: Herakles bedeutet denjenigen, der durch Hera Ruhm erlangte. Mit diesem Namen gehörte
er ursprünglich in Tiryns zu ihr, in einer Burg des mykenischen Reiches,
im Umkreis des Heraion von Argos. Bei Homer nennt Hera Tiryns
nicht unter ihren Lieblingsstätten. Ihr dortiger Tempel gehörte zu den
ehrwürdigsten in der Argolis und wetteiferte gewissermassen mit dem
Heraion von Argos [8]), wurde aber erst nach 750 v. Chr. erbaut, d.h.
nach Homer. Der Herakleskult wird in Tiryns bezeugt [9]), die Kultverbindung folgt aus dem Namen des Heros. Seine engste Verbindung

---

[1]) Kunze, a.O., Abb. 14-17.
[2]) Vgl. oben S. 10, Anm. 2.
[3]) Ziehen, a.O., 65.
[4]) Paus. V 14.7.
[5]) V 8.1; VI 23.3.
[6]) Paus. V 14.9.
[7]) Paus. V 7.6.
[8]) Die Zeugnisse findet man bei Frickenhaus, a.O., S. 20 ff., der selbst für die
Priorität des Herakultes in Tiryns wäre. Dagegen spricht, dass Homer das Heraion
von Argos kennt, nicht aber Tiryns als Stadt der Hera. Über die Chronologie des
Tempels in Tiryns vgl. Georg Karo, ,,Tiryns'', *P.-W*. VI B, 1465.
[9]) Frickenhaus, a.O., S. 19. Nach einem *besonderen* Herakleion in Tiryns wurde
umsonst gesucht, vgl. ebenda S. 126; A. B. Cook nahm in seinem Aufsatz ,,Who
was the Wife of Zeus?'', *The Classical Review* XX (1906), eine ursprüngliche
Kultgemeinschaft von Herakles und Hera mit der grössten Wahrscheinlichkeit an.
Dagegen sträubte sich Frickenhaus, a.O., S. 43, 4.

mit der Göttin behielt Herakles in der Form der Verfolgung durch
Hera, nachdem er in der Heroenmythologie zum Sohn des Zeus und
der Alkméne gemacht und nach Theben übertragen wurde [1]).

In ihrer ursprünglichen Form waren die Idäischen Daktylen ano-
nyme Phallen, von der Mutter der Götter, Rhea zu ihrem eigenen
Dienst hervorgebracht [2]). Ihre Fünfzahl — den fünf Fingern (*daktyloi*)
der Hand entsprechend — verrät ihre älteste Gestalt, in der sie die
Grosse Muttergöttin nach Olympia begleiteten. Sie besass ihren
Kultort in der Nähe des Heratempels. Die Mythographen hatten ihre
Mühe, für die fünf Daktylen die verschiedenen, individuellen Namen
zu finden, die Pausanias samt Herakles, dem *Parastates* angibt[3]).
Bedeutsam ist die Tatsache, dass der Heradiener Herakles so gut in die
Gesellschaft der Diener der Rhea passte, und dass sein Name einem
der Daktylen gegeben werden konnte. Daraus darf man auf seinen
ursprünglichen Charakter schliessen, den er auch in seiner heroischen
Gestaltung nie verlor. Die Ton- und Bronzefiguren aus dem 8.-7. Jh.
und aus noch älterer Zeit [4]) stellen in Olympia ein betont männliches
Wesen dar, nicht ithyphallisch, doch roh phallisch, mehr oder weniger
mit der Gebärde der erhobenen Hände, die in der minoischen Kunst
Epiphanie und Anbetung gleicherweise ausdrückten. Der *Parastates*
war mehr ein Anbeter als ein Erscheinender. Zeus trat am frühesten in
der Mitte des 8. Jh.s in die Reihe ein, die mit diesen derb-männlichen
Darstellungen begann, ja, möglicherweise trat er erst an die Stelle des
kuretenhaften jungen Gottes, des ursprünglichen Kultgenossen Heras,
der diese Stufe mit der Zeit erreichte. Möglich war die Ersetzung eines
neben der thronenden Göttin stehenden Herakles — zumal er eine
Umdeutung in dieser Richtung erhielt — mit einem bärtigen Zeus
auch im Tempel.

Ein „daktylischer Herakles" war der Partner der grossen Mondgöttin Hera in Olympia etwa bis zur Mitte des 8. Jh.s. In dieser Zeit
vermochte schon Homers Dichtung zur endgültigen Gestaltung der
beiden Religionen beitragen: des Herakultes und der Zeusreligion. Der
grosse Gott der Männer, zu dessen moralischem Gehalt vor allem das

---

[1]) Vgl. meine *Heroen*, S. 141 ff. (dtv 397, S. 107 ff.).
[2]) Vgl. meine *Mythologie*, S. 84 (dtv 392, S. 68 f.).
[3]) Paus. V 14.7.
[4]) Kunze, a.O., Abb. 1-4; *VII. Bericht über die Ausgrabungen in Olympia* (1961),
S. 138 ff.; Herrmann, a.O., Beilage 2-3. Das älteste Datum der Bronzefiguren
wäre nach Kunze, *Bericht*, S. 141, die erste Hälfte des 9. Jh.s; die älteste Tonfigur
(Herrmann, a.O., Abb. 1-2) konnte bis jetzt nicht anders datiert werden, als dass
sie noch älter sein könnte.

Bewusstsein von der Gemeinschaft aller Hellenen gehört [1]), wurde an der Stelle des blossen *Parastates*, der nur Frauendiener war, von den Verehrerinnen Heras gern angenommen. Die Gründung der olympischen Spiele wurde in der hohen Dichtung dem „thebanischen" Herakles zugeschrieben [2]). Daneben erhielt sich aber auch die Geschichte, dass Herakles den ersten Wettlauf mit seinen Daktylenbrüdern veranstaltete und den Sieger mit dem Zweig des wilden Ölbaums bekränzte: das sei die Gründung der Olympischen Spiele gewesen [3]). Nirgends heisst es, dass Herakles ein Sohn oder Diener der Rhea gewesen wäre. Die Gründungsgeschichte, in der Heras eigener Daktylos die Rolle des ersten Veranstalters spielte, zeugt von dem Anspruch dieser Göttin: Hera durfte als die eigentliche Herrin der Wettkämpfe in Olympia nicht vergessen werden.

Es wäre auch schwer gewesen, an sie nicht zu denken. Den Höhepunkt der Festperiode bildete das grosse Opfer an Zeus. An dessen Altar, früher ohne Tempel, später vor seinem Tempel, fand die gemeinsame Hingabe der Panhellenen statt, durch die Darbringung von Hekatomben an die männliche Gottheit, die sie als Hellenen prägte und immer noch zusammenhielt, durch die Agone und das Verspeisen der Opfertiere, in Gemeinschaft untereinander und mit dem Höchsten ihrer Götter. Dies musste aber, wenn es in jedem vierten Jahr in dem dafür bestimmten Monat, entweder im Apollonios oder im Parthenios geschah, am Tage geschehen, der nach der Erfüllung der Göttin am Himmel der eigentliche Vollmondstag war [4]).

Ausser der Peloponnes nannte ich schon Böotien auf dem Festland als das Gebiet, wo Hera ihren besonderen Herrschaftsbereich besass. Die Attika und Böotien vorgelagerte grosse Insel ist dabei auch nicht zu vergessen: sie hiess Euboia und war auf eine besondere Weise Heras Eigentum [5]) — dem Namen nach genau so, wie der Boden, auf dem sich das Heraion von Argos erhob. Angeblich hatte die Insel auch den unfestlichen Namen *Makris*, „die Lange" [6]). *Euboia* musste für griechische Ohren einen festlichen Klang haben: nicht nur nach dem Reichtum an Kühen, den Opfertieren, sondern nach der Göttin, die, wie wir wissen, diesen Beinamen trug. Es ist sicher keine Übertreibung zu behaupten, dass am Fest der Heraia die ganze Insel eine mehr

---

[1]) Vgl. oben S. 20.
[2]) Pindar Ol. II 3; VI 68-70.
[3]) Paus. V 7.7; Diod. V 64.6.
[4]) Ziehen, a.O., S. 18.
[5]) *Schol. in Apoll. Rhod. Argonaut.* IV 1138 ἡ δὲ Εὔβοια ἱερά ἐστι τῆι Ἥραι.
[6]) Mehrere Insel hiessen so: *P.-W.* XIV 1, 814.

oder weniger lückenlos zusammenhängende Kultbühne war, auf der sich Prozessionen bewegten und Hekatomben geschlachtet und verspeist wurden. Alle vier dem Festland zugewandten Hafenstädte Euboias: Aidepsos, Chalkis, Eretria, Karystos sind als Kultstätten der Hera zu betrachten [1]). Zudem nannte Sophokles eine kleine Insel bei Euboia *„nymphikon Elymnion"*, „das hochzeitliche Elymnion", da der Gamos von Zeus und Hera dort stattfand [2]).

Der Name der Göttin war mit den beiden höchsten Gipfeln der Insel verbunden: mit dem *Dirphys* als *Dirphya* [3]) und mit dem fast ebenso hohen (1400 m) *Oche*, wie Euboia selbst auch hiess, durch den Mythos, der das Wort *oche* als *ocheia*, „Begattung" deutete [4]). Wie weit der Mythos die rohe Bezeichnung des Gamos weiter ausführte und ob der Ausführung eine rituelle Darstellung entsprach, ist nicht zu sagen. Ein Steinhaus mit niedrigem Dach, einer Türe und zwei Fenstern ist in schwindliger Höhe, unterhalb der Spitze aus dem Altertum erhalten geblieben, das als Kultgebäude in Betracht kommt: ältester Tempel der Hera, wie es nach seiner Entdeckung geglaubt, aber auch bestritten wurde. Man setzte es auf Grund des Mauerwerks in das 6. Jh. v. Chr. [5]). Doch diese Bauweise ragt aus den zeitlosen Schieferbauten der Umgebung und der nahen Inseln — Tenos und besonders Andros — keineswegs überraschend hervor [6]). Das Gebäude konnte an seiner schwer zugänglichen Stelle, wo sich eine umfassende Aussicht eröffnet und es fast immer stürmisch hergeht, der Beobachtung der herannahenden Schiffe dienen. Hera mochte solch ein Haus wiederum genehm sein, wenn man eine Statue von ihr darin zu rituellen Zwecken aufbewahren wollte. Auf einer kleinen Plattform, unmittelbar darunter erhebt sich eine Kapelle des Propheten Elias, nicht verschieden von den profanen Schieferbauten der Gegend.

---

[1]) Vgl. Eitrem „Hera", *P.-W.* VIII 1, 371.
[2]) *Schol. in Arist. Pacem* 1126.
[3]) Steph. Byz. *s.v. Dirphys.*
[4]) Steph. Byz. *s.v. Karystos.*
[5]) Theodor Wiegand, „Der angebliche Urtempel auf der Ocha", *Ath. Mitt.* XXI (1896), S. 11-17, setzte ihn in das 6. Jh. v. Chr.
[6]) Vgl. Franklin P. Johnson, „The ‚Dragon-houses' of Southern Euboea", *AJA* XXIX (1925), S. 398 ff., Abb. 1-11, die letzte die Kapelle des Propheten Elias, von der sogleich die Rede sein wird. Zu wenig wurde beachtet, wie sehr hier die Bauweise durch das Material, den Schiefer bestimmt wird. Die Datierung ist daher schwer und oft auch irrelevant: die Schieferbauten können ganz neu sein und in die Prähistorie zurückreichen, vgl. „Zeitlose Schieferbauten der Insel Andros", *Paideuma* VIII (1962), S. 25-36 (Text von mir, Aufnahmen von H. Sichtermann, Zeichnungen von Cornelia Kerényi) und „Die andriotische Säule", in meinen *Werken* III, S. 408 ff.

Hirten stiegen — so erzählte mir einer von ihnen — bis zur letzten
Zeit noch dort hinauf, um die *panijíris*, das Fest der Kapelle jährlich
zu feiern, sicher nicht ohne *chorós*, den Reigen, der schliesslich alle
heidnischen Begehungen im Freien in Griechenland ersetzte.

„Man muss gesehen haben, wie die Wolken angezogen von solchen
Berggipfeln sie in ihre Arme schliessen, um die Anschauung des
Volkes zu verstehen" — schrieb Welcker, der Hera als die Göttin
Erde auffasste [1]). Dennoch erfasste er, als Griechenlandfahrer, richtig
die natürliche Atmosphäre, in der die Riten des Gamos vor sich gingen, die uns aus dem mit Euboia fast zusammenhängenden Böotien
überliefert sind. Da gab es ein mit grossem Aufwand ausgeführtes
Hochzeitsfest der Hera auf dem Gipfel des Berges Kithairon, sicher
das Ergebnis einer mehrere Schichten des Kultes vereinigenden Geschichte. Das eigentliche, die kleineren Feiern zusammenfassende und
krönende Fest, die „Grossen Daidala" genannt, fand nur in jedem
sechzigsten Jahre statt. Die „Kleinen Daidala" hingegen etwa in
jedem siebenten, nach altertümlichen Mondjahren berechnet. Die
komplizierte Berechnung wurde bereits vor mehr als einem Jahrhundert herausgefunden und konnte auch seitdem durch nichts
besseres ersetzt werden [2]). Bei der Schilderung der Festhandlungen
können wir uns auf Plutarch und Pausanias als Augenzeugen stützen [3]),
wir haben aber auch schon Gesichtspunkte gewonnen, die uns er-
möglichen, die Schichten zu unterscheiden.

Den ersten Akt bildete das Auswählen des Baumes, aus dem die
hölzerne Stellvertreterin der Hera verfertigt wird, wahrscheinlich sowohl für die „Kleinen Daidala", die nur von den Bewohnern von
Plataiai, als auch für die „Grossen", die von ganz Böotien gefeiert
wurden. Der Unterschied bestand wohl hauptsächlich in der Zahl der
teilnehmenden Städte und der geopferten Tiere: für jede Stadt eine
Kuh und ein Stier! Die vierzehn Holzstatuen, die *xoana*, von denen
Pausanias sagt [4]), sie seien an den „Kleinen Daidala" schon da,
„jährlich verfertigt" (in welchem Fall jährlich zwei hergestellt werden
mussten), können unmöglich Hera dargestellt haben: dafür ist ihre
Zahl zu gross. Man darf vielmehr an die „zweimal sieben" schönen
Nymphen denken, die Vergil Juno zuschreibt, die aber bei Homer

---

[1]) *Griechische Götterlehre* I, S. 364.
[2]) Vgl. Karl Otfried Müller, *Geschichten hellenischer Stämme und Städte* I (Breslau
1844), S. 216 ff.
[3]) Paus. IX 3; Plutarch bei Eusebius, *Praepar. evangel.* III 1.
[4]) Paus. IX 3.5.

fehlen [1]), ferner an die Übereinstimmung dieser Zahl mit den Tagen einer Monatshälfte, und schliesslich daran, dass es nach Plutarchs Schilderung Nymphen waren, die das Wasser zu Heras Brautbad im Hochzeitszug trugen, während die Böoter das Geleit gaben. Es waren die „Tritonischen Nymphen", nach dem Fluss Triton bei Alalkomenai so genannt, an dem nach böotischer Tradition Pallas Athene geboren wurde. Sie waren daher auch mit dieser Göttin verbunden, die — wie Hera vor ihrem Bad — mit der dunklen Neumondzeit verbunden ist [2]). Der erste Akt des Festes hat seinen Schauplatz im Bereich der Athena von Alalkomenai.

Der Baum für Hera wurde in einem Eichenwald — einem dunklen Wald für die Griechen — ausgesucht. Die Platäer begaben sich zu diesem Zweck in ein von dem Kithairon, dem Schauplatz der Hochzeit, ziemlich entferntes Gebiet. Eine weitere Verbindung mit dem Bereich der Pallas Athene ergibt sich daraus, dass — nach Plutarch — bei der ersten Gelegenheit, damals, als das Fest *durch Zeus selbst gegründet wurde*, der Urmensch von Alalkomenai, Alalkomeneus, dabei mitgewirkt und den Rat zur „List", die gleich folgen wird, gegeben hatte. Der schlaue Urmensch Alalkomeneus galt in Böotien als der Erzieher der Pallas Athene [3]) und ist mit Temenos in Arkadien und Asterion in Argos in ihrer Beziehung zu Hera vergleichbar. Odysseus soll nach Plutarch im böotischen Alalkomenion geboren worden sein [4]): auch er war ein „Alalkomeneus" und stand in bester Beziehung zu Athene. Die „List", die der böotische Urmensch dem Zeus riet, hatte den Zweck, die störrische Hera, *die sich zurückgezogen hatte*, eifersüchtig zu machen und dadurch zurückzugewinnen. Es sollte eine „falsche" Hera aus Holz verfertigt und mit der Statue eine Scheinhochzeit gefeiert werden. So lautete die Begründung des Festes zur Zeit von Plutarch und Pausanias. Ursprünglich war die im Kult und für den Kult hergestellte Hera nicht „falsch", sondern die Statue der Göttin, *die getragen werden konnte*.

Bei der Wahl des Baumes zur Holzstatue verfuhr man so, dass im Eichenwald Fleischstücke für die Raben hingelegt wurden, die in Griechenland auch im Altertum nicht überall vorkamen, hier aber, die schwarzen Vögel in einer dunklen Gegend, sicher. Dann beobachtete man, auf welche Eiche sich der Vogel, der vom Fleisch raubte,

---

[1]) Aen. I 71.
[2]) Vgl. meine „Jungfrau und Mutter der griech. Rel.", S. 41 ff.
[3]) Paus. IX 33.5.
[4]) Plut., *Aetia Graeca* XLIII.

niederliess. Es war ein Orakel durch ein Symboltier des dunklen
Mondes [1]). Aus der Eiche wurde ein *xoanon* gemacht und dieser Akt
der Wahl und Bildnerei wurde bei jeder Abhaltung des Festes wiederholt. Dazu bildet der Maibaum oder eine Strohpuppe die man in
Nordeuropa bei gewissen Volksbräuchen machte und verbrannte [2]),
keine Analogie. Die Wichtigkeit der Bildnerei wird durch den Namen
des Festes selbst betont: „Daidala", d.h. Kunstwerke sind auch die
vierzehn *xoana*, die die Hauptstatue, die Braut Hera, auf den Kithairon
begleiten, um dort mit ihr verbrannt zu werden. Sie hiess nach Plutarch
die „Daidale".

Man sieht schon, wieweit der Herakult, der sich aus Euboia ver-
breitete, in dieser Gegend mit dem Bereich einer anderen Göttin, der
Athena von Alalkomenai, in Berührung kam und sich gewissermassen
auf ihn gelagert hatte. Die Herüberkunft von der grossen Nachbar-
insel wird durch zwei von den drei Versionen der mythologischen
Begründung der Kulthandlungen ausdrücklich bestätigt. Die eine
Version enthält nur das Motiv der sich zurückziehenden Hera. Nach
Plutarch verbarg sie sich, und erst nachdem Zeus auf Rat des Alal-
komeneus die „falsche Hera" im Hochzeitszug herumführte, sauste
die wahre Hera vom Kithairon herunter. Sie durchschaute aus der
Nähe den Betrug und versöhnt wurde sie selbst die Brautführerin der
rituellen Scheinhochzeit. Nach Pausanias [3]) hatte sich Hera nach
Euboia zurückgezogen — sie musste also dorther zum Fest nach
Böotien kommen. Nach der dritten Version entführte Zeus Hera zum
Gamos auf den Kithairon, als sie noch auf Euboia in der Obhut ihrer
Amme Makris (ein anderer Name für die Insel) weilte. Diese Version
bezeugt ausserdem die Berührung des Herakultes auf dem Kithairon
mit der Verehrung einer anderen Göttin: mit Leto. Die Hera suchende
Makris sei vom Berggott Kithairon mit der Lüge irregeführt worden,
dass Zeus da in einem Versteck mit Leto ruhte. Daher habe Hera
— fügt Plutarch hinzu — einen gemeinsamen Altar mit Leto und
daher opfere man dieser Göttin unter dem Namen *Leto Mychia* zuerst
(nach dem Versteck, *mychos* so genannt), oder der *Leto Nychia*, der
„nächtlichen Leto". Nach einer Tradition aus dem gleichfalls benach-
barten Attika war es Pallas Athene, die Leto vom Kap Sunion über
die Inseln nach Delos führte [4]), wo sie Apollon gebar. Die Kultkreise

---

[1]) Vgl. Kerényi, *Der göttliche Arzt*, S. 93 f.
[2]) Herangezogen von M. P. Nilsson, *Griechische Feste* (Leipzig 1906), S. 55.
[3]) IX 3.1.
[4]) Hypereides, *Del.fr.* 70 Blass.

der drei Göttinnen schneiden sich in der Gegend von Kithairon (um von der Rolle dieses Berges in der Dionysosreligion nicht zu reden) und dieser Umstand wirkte auf die Gestaltung des Mythos des Daidalafestes.

Der nächste Akt erfolgte noch unten, am Fluss Asopos, in der Ebene der Stadt Plataiai, von deren Heratempel die Prozession ausging. Die „falsche Hera" wurde dementsprechend auch für Plataia, eine Tochter des Asopos, ausgegeben. Sie stellte den bräutlichen Aspekt der Göttin dar, die in ihrem Tempel von den Platäern als *Nympheuomene*, d.h. eben die Braut, und als *Teleia* verehrt wurde. Plutarch sprach von den Tritonischen Nymphen, die in der Rolle der *Lutrophoroi*, der Trägerinnen des Wassers zum Brautbad im Zug mitgingen. Die Möglichkeit wurde erwähnt, dass die vierzehn begleitenden Xoana so gedeutet wurden. Das symbolische Bad fehlte in der Zeremonie sicher nicht, doch es konnte auch ein Bad im Fluss gewesen sein. Die tief verschleierte Statue der „Braut" wurde auf einen mit Kühen bespannten Wagen gesetzt. Mit ihr fuhr eine Frau als Brautführerin. Auf anderen Wagen standen die übrigen Statuen. Die Prozession zog, von Flötenmusik begleitet, auf den Kithairon. Das Volk folgte aus ganz Böotien schwärmend. Oben auf dem Gipfel war ein Altar gebaut, aus Holz in der Art eines Steinhauses, mit Reisig belegt. Es war gleichsam — so fasst den Gesamteindruck des Baus L. R. Farnell zusammen [1]) — „eine Brautkammer" (*a nuptial chamber*). Auf diesem wurden die Opfer dargebracht und zuletzt auch das falsche Steinhaus samt allen Xoana in Brand gesetzt.

Das grosse böotische Herafest beruhte auf einer komplizierten Zeitrechnung und war selbst ein kompliziertes Gebilde. Seine Merkwürdigkeit besteht darin, dass bei dem ganzen Hochzeitszug der Bräutigam fehlt [2]). *Oben*, auf dem Kithairon fehlte er nicht mehr. Der Berg gehörte Zeus im gleichen Sinne, wie so manche Gipfel in Griechenland, wo man sein Aufleuchten erfuhr [3]). Das mächtige Opferfeuer des Brautgemachs — das grösste und am weitesten bemerkbare, das man zur Zeit des Pausanias sehen konnte — loderte ihm entgegen. Die Folgerung ist unabweisbar: Hera war die höchste

---

[1]) *Cults of the Greek States* I, S. 190.

[2]) Nilsson wollte daher den überlieferten und im Ritus ausgearbeiteten Hochzeitcharakter des Festes auf ein „Jahresfeuer", wie es in Nordeuropa üblich ist, reduzieren: eine Gewaltsamkeit gegen die Überlieferung, die ihm selbst bedenklich erschien, vgl. seine *Gesch. d. griech. Rel.* I, 1941, 404, 2.

[3]) Vgl. oben S. 30. Der *Zeus Kithaironios* wird bei Pausanias IX 2.4 an unrichtiger Stelle im Text erwähnt, doch in der Sache ganz in Ordnung.

Göttin einer Religion, die noch herumgetragene Idole für die Riten
besass, Zeus hingegen ein höchster Gott, dem *selbst in der Natur
geistiger Charakter* — diesen Charakter hatte er als „Aufleuchten" —,
eine immer nahe unsichtbare Gegenwart eigen war, mit der er zum
Einbruch bereit stand.

KAPITEL VII

DIE GROSSE GÖTTIN VON SAMOS UND PAESTUM

Samos im Osten und Paestum im Westen zeugen mit ihren Tempeln von der Macht der Herareligion in einer Weise, die bei den Betrachtern des Menschen und seiner Geschichte die grösste Aufmerksamkeit verdient. In der fundamentalen Korrelation, auf die jede Religion reduzierbar ist, in diesem besonderen Fall der Korrelation zwischen der grossen Göttin Hera und denjenigen, die eben diese Religion *brauchten*, standen nicht nur Opfernde auf der menschlichen Seite, sondern auch Bauende: Gemeinschaften, welche die ihnen zur Verfügung stehende wirtschaftliche Kraft in eine bemerkenswerte Bautätigkeit einfliessen liessen. Wer stand als Empfänger dieser Opfer- und Bautätigkeit gegenüber? Diese Frage wurde im vorhergehenden Kapitel schon beantwortet und soll im Folgenden noch eindringlicher beantwortet werden.

Wie immer auch staatliche Repräsentation und Eitelkeit den Kult und den Bau von Tempeln steigerten, waren diese nicht an etwas Unbestimmtes, an ein zur Erfüllung aller Wünsche ausgedachtes oder imaginiertes Wesen gerichtet, sondern an eine Göttin mit einem bestimmten Inhalt, die dieser kostspieligen Verehrung wert erschien. Verehrung ist *mindestens* Bejahung, selbst in der Form der Befürchtung. Die Korrelation „Religion" lässt Befürchtung zu, Bejahung — das Anerkennen eines, wenngleich nur vorgestellten Seins — wird durch sie vorausgesetzt. Hera in ihrem Sein als Frau, in ihrer Erscheinung als zu- und abnehmendes Mondlicht auf der einen Seite — Tempelbauten im Ausmass wie auf Samos und in Paestum auf der anderen Seite: das ist das vom menschlichen Gesichtspunkt aus beachtenswerte historische Phänomen.

Diese Struktur — gleichsam der Grundriss der Herareligion — ergibt sich nicht nur aus Allem, was im Vorhergehenden dargestellt wurde. Einzig so besteht sie sinnvoll, erscheint aber vielleicht immer noch etwas schemenhaft. Durch den samischen Befund wird sie bestätigt und macht ihrerseits diesen erst verständlich. Einzelne Züge des samischen Kultes verleihen ihr Konkretheit und das Konkrete erhält zugleich seinen Sinn. Die Konkretisierung geschieht durch die Konzentration der Beobachtung und des Nachdenkens auf das, was

in den Überlieferungen und vor unseren Augen steht: auf alle erhaltenen Spuren des Mythos und der Riten, auf alle überlieferten und
ausgegrabenen Reste, die sich auf die Göttin und ihren Kult beziehen.
Es kann nicht geleugnet werden, dass solche Konzentration da schon
versucht wurde. Doch sie war nie konsequent genug und blieb nicht
bei den antiken Gegebenheiten, die sich selbst, ohne die Hilfe all-
gemeiner Gedanken, die man von aussen her mitbrachte, erklärten.
Voreilig sah man in einem „Gnadenbild" den Kern der Religion, die
sich schliesslich den an Grösse in Griechenland nie übertroffenen
Tempel, den Bau des Tyrannen Polykrates in der Mitte des 6. Jh.s
errichtete!

> „Wieviel Heiligtümer alter, neuer und neuester Zeit verdanken
> ihre Entstehung der Auffindung des Bildes! Wie stark musste ein solcher
> Fund auf Menschen wirken, die zwischen ‚Bild' und ‚dargestelltem
> Wesen', zwischen ‚Vorbild' und ‚Abbild' noch keinen Trennungsstrich
> zogen. Wir können nichts anders als der Auffindungslegende vertrauen,
> auch wenn sie in einer entstellten Form auf uns gekommen ist"—

Von solchen allgemeinen Gedanken ging Ernst Buschor aus, der
sich die grössten Verdienste um die Erforschung des Heiligtums
erwarb [1]). Falsch war auch die andere Verallgemeinerung, mit der der
grosse Archäologe seine Gnadenbild-Theorie gewissermassen selbst
aufhob:

> „Wer der wahren Keimzelle, der wirkenden Mitte eines griechischen
> Heiligtums nahe kommen will, der wird sich nicht vor allem an das
> Tempelgebäude, auch nicht an die Kultstatue, selbst nicht an den
> Opferaltar, sondern an die sogenannten ‚Kultmale' wenden, an die
> Spuren der leibhaften Anwesenheit des dort verehrten Gottes"[2]).

Die Theorie von einem „Gnadenbild", samt der These von den
„Kultmalen" wurde in bezug auf Hera schon dadurch widerlegt, dass
sowohl im Heraion von Argos [3]) als auch in Olympia als „wahre
Keimzelle und wirkende Mitte des Heiligtums" der Opferaltar gefunden wurde — in Olympia ein Opferaltar für Hera und ein anderer,
grösserer für Zeus [4]). Dasselbe ist der Fall im Heraion von Samos.
„Die Altarstelle liess sehr frühe Fassungen des Aschenaltars erken-

---

[1]) Ernst Buschor, „Heraion von Samos: frühe Bauten", *Ath. Mitt.* LV (1930),
S. 1. Die Definition „Gnadenbild" steht S. 2.
[2]) Buschor, „Imbrasos", *Ath. Mitt.* LXVIII (1953), S. 1.
[3]) Vgl. oben S. 95.
[4]) Oben S. 108.

nen" [1]). Schon am Beginn des ersten Jahrtausends wurde ein schlichter Steinaltar geschichtet (etwa 2,50 x 1,20 m), der gewissermassen die Keimzelle zu immer stattlicheren Altären bildete, die diesen Kern im Laufe des 8. bis 6. Jh.s ummantelten. Der siebente, um 550 errichtete „Rhoikos-Altar" blieb in seiner ungeheueren Grösse (mit 36,57 x 16,58 m bedeckte er die 200fache Fläche von Altar I) wie in der Pracht seines plastischen und ornamentalen Schmuckes das bedeutendste Monument seiner Art, in den Schatten gestellt erst durch den hellenistischen Pergamon-Altar. Die einfache Form des Brandopfer-Altars, ein von Windschutzwangen an drei Seiten umgebener Tisch mit einem Standpodest für den Priester vor der offenen Westseite, findet sich hier ins Kolossale gesteigert, die Wangen überzogen mit plastischen Tierfriesen, mit bunten Blattreihen und Blütenschlingen. Auf dem eigentlichen „Opfertisch" häufte sich die Asche von Jahrhunderten zu einem grossen Kegel" [2]).

Solch ein Altar, vom Tempel, also auch von dem angeblichen „Gnadenbild" abgewendet, kann in Beziehung zu einer Kultstatue, die sich im Tempel befindet, nicht einmal in seinem Kerne gedacht werden. Seine Orientation, zuerst etwas nach Südosten [3]), dann nach Osten, kann durch einen bestimmten Punkt am Himmel erklärt werden, nie durch einen auf dem Erdboden befindlichen Gegenstand, am wenigsten durch ein „Gnadenbild", dem ein Altarkult dieser Art, mit der damit zusammenhängenden Bautätigkeit bei Griechen nie zukam. Es wäre absurd, daran zu denken. Wo grossartige Bauwerke um ein Gnadenbild errichtet wurden, da sicherte ein dogmatisches System und die sich darauf stützende Kirche die „Gnade", die vom Bild erwartet wurde. Eine angenommene, oder auch erfahrene „magische" Wirkung genügte dazu nie. Vom *Fund* eines Bildes, der einen Kult hervorgerufen hätte, ist in keiner Überlieferung die Rede, geschweige denn in einem alten, glaubwürdigen Text.

Der Text, auf den sich die Gnadenbild-Theorie berief, stammt vom

---

[1]) Buschor „Samos 1952-57", *Neue deutsche Ausgrabungen im Mittelmeergebiet und im vorderen Orient* (Berlin 1959), S. 200.

[2]) Gottfried Gruben, *Die Tempel der Griechen* (München 1966), S. 317.

[3]) Die genaue astronomische Bestimmung dieser Orientation steht noch aus. Sie konnte aber nach dem Sirius gerichtet sein, wie dies von Hans Walter, *Das griechische Heiligtum* (München 1965), S. 22, angenommen wird. Diese Orientation umfasste, zusammen mit dem Aufgang des Vollmondes im Osten, möglicherweise noch einen anderen kalendarisch wichtigen Aufgang, wie in der minoischen Zeit der Frühaufgang des Sirius war, vgl. Kerényi, „Licht, Wein, Honig: die Frage nach dem minoischen Festkalender", *Kretika Chronika* XV (1963), S. 206 ff.

samischen Schriftsteller Menodotos, der um 200 v. Chr. lebte[1]). Er
teilte eine Erzählung — keinen Mythos, nicht einmal einen *hierós lógos*,
sondern eine Wundergeschichte im Stil der hellenistischen Aretalo-
gien[2]) — mit, die einen rituellen Vorgang an den Heraia den Fest-
besuchern erklären sollte[3]). Es war eine Zeremonie, zum Teil in dem
mit Lygos — *agnus castus* (Keuschlamm) — bewachsenen Gebiet an
der Mündung des Imbrasos ins Meer ausgeführt. Jährlich wurde die
primitive Statue der Göttin, die aus dem Tempel verschwand, dort
*wieder*gefunden, mit Reinigung und Opferkuchen beschwichtigt und
auf ihre Basis (die ausgegraben wurde)[4]) zurückgebracht. Dieser
Vorgang sollte einem hellenistischen Publikum erklärt werden, das
nicht mehr begriff, dass das Verschwinden der Statue, vom Tempel-
personal bewerkstelligt, die mythische *Flucht der Göttin* darstellte.
Von dem archaischen Ritus, der möglicherweise in die Zeit der
ionischen Wanderung zurückreichte[5]) und mit dieser von Argos nach
Samos gebracht worden sein dürfte, wurde das hellenistische Publi-
kum etwa durch 800 Jahre getrennt. Es hatte seinen eigenen Ge-
schmack, der Götterepiphanien, Piratengeschichten und Wunder
wünschte. Ausserdem war der Samier Menodotos den Leuten von
Argos, die das *andere* grosse Heraheiligtum besassen, nicht gut gesinnt.
Die Übertragung des Kultes von Argos nach Samos gehörte aber zur
Tradition des Tempels, in der Form, dass die Argonauten eine
Herastatue auf die Insel gebracht hätten[6]) — die übliche Weise der
Missionierung bei den Griechen.

Der Samier erzählte also, dass ein Heiligtum der Hera, durch die
mythischen Urbewohner — Leleger und Nymphen[7]) — gegründet,
auf der Insel schon bestand, als Admete, die Tochter des Eurystheus
(diejenige, für die Herakles den Gürtel der Amazone zu holen hatte)[8])
aus Argos vertrieben wurde und nach Samos kam. Hera, deren

---

[1]) Vgl. Felix Jacoby, *Die Fragm. der griechischen Historiker* III b, S. 461.
[2]) Über diese vgl. Richard Reitzenstein, *Hellenistische Wundererzählungen* (2. Aufl.
Darmstadt 1963), S. 1 ff.
[3]) Athenaeus XV 671E-674A; *FgrH.* 541 *fr.* 1 Jacoby.
[4]) Vgl. Dieter Ohly, „Die Göttin und ihre Basis", *Ath. Mitt.* LXVIII (1953),
S. 25 ff.
[5]) So Buschor, „Heraion von Samos", *Ath. Mitt.* LV (1930), S. 3.
[6]) Paus. VII 4.4.
[7]) Die Lesung νυμφῶν in dem Menodotoszitat des Athenaios ist am leichtesten
als Νυμφῶν aufzufassen. Verstand Menotodos die Leleger als Urmenschen, so
gehörten zu diesen Nymphen als Frauen, vgl. meine *Mythologie*, S. 206 (dtv 392, S.
167 in Bezug auf Lemnos). Die historischen, nicht griechischen Bewohner von
Samos sind bei Menodotos die Karer.
[8]) Meine *Heroen*, S. 175 (dtv 397, S. 130).

Priesterin sie war [1]), hatte sie gerettet. Die Göttin persönlich übertrug ihr, in einer Epiphanie, die Pflege ihres samischen Heiligtums. Die Argiver aber wollten die Kultstatue rauben lassen, damit die Samier die nachlässige Priesterin bestrafen. Sie dingten tyrrhenische Piraten, die das Kultbild aus seinem offenen Tempel auf ihr Schiff luden. Da geschah das Wunder: sie vermochten das Schiff nicht von der Stelle zu bringen. Daher liessen die Seeräuber die Statue am Ufer liegen und brachten ihr Opferkuchen dar. Die Samier, die noch Barbaren waren, *glaubten* an die Flucht der Göttin, stellten sie an eine Hecke aus Lygos (*lygu thorakion*) und banden sie mit Lygoszweigen fest an. Admete befreite die Göttin, badete sie und stellte sie wieder auf ihre Basis.

Menodotos spricht auch in der Fortsetzung viel vom Lygos. Umso auffallender ist es, dass er jenen Lygos nicht erwähnt, der in der Geburtsgeschichte der Hera eine Rolle spielte und den die Archäologen suchten, da sie annahmen, dass er das „Kultmal” war, nachdem der Altar des Heiligtums orientiert war [2]). Sie fanden ihn schliesslich als einen etwa 40 cm dicken, oben gekapselten Baumstumpf, nordwestlich vom Altar, in einer tiefen Schicht des Altarplatzes [3]). Pausanias, der etwa dreihundert Jahre später lebte als Menodotos, sah diesen Lygos. Er berichtet uns vom Mythos der Samier, nach dem Hera darunter geboren wurde [4]). Den Baum — eine Seltenheit, da der Lygos gewöhnlich nur als Strauch wächst — hielt Pausanias für den ältesten lebenden Baum der Welt [5]). Menodotos hatte keinen Grund von dieser mythischen Pflanze zu schweigen — wenn sie da war. Zu seiner Zeit stand, wie es scheint, kein Lygos am Altar. Erst später wurde jener, den Pausanias sah, angepflanzt und zu einer Sehenswürdigkeit des Tempels hochgezogen. *Richtig beschnitten* wächst der Lygosstrauch zu einem Baum empor [6]).

Buschor dachte an diesen Baum als eine Art „Kultmal”, er drückte

---

[1]) Georgius Syncellus, *Chronographia* P. 172 A.

[2]) Ohly, „Die Göttin und ihre Basis”, S. 27, mit verkehrter Auffassung des Altars, an dem der Opferpriester doch nicht so stehen sollte, dass er dem Lygos, wenn dieser als Kultmal die Göttin vertrat, den Rücken kehrte.

[3]) Vgl. Ernst Homann-Wedeking, „Samos 1963”, *Arch. Anz.* 1964, S. 225; abgebildet bei Hans Walter, *Das griechische Heiligtum*, S. 15, Abb. 8. Der Lygos wurde südöstlich und nicht nordwestlich vom Altar gefunden, wie Buschor und Ohly erwarteten: also an der Stelle, wo er als „Kultmal” stehen sollte, wenn die Kultmal-Hypothese historisch richtig gewesen wäre.

[4]) Paus. VII 4.4.

[5]) Paus. VIII 23.4.

[6]) Vgl. Richard Eilmann, „Frühe griechische Keramik im Samischen Heraion”, *Ath. Mitt.* LVIII (1933), S. 123, 2. Ein Bild von einem Lygosbaum auf Aegina ist dem Band der Athenischen Mitteilungen beigegeben.

sich aber vorsichtig aus: das *Keuschlammgebüsch* bildete nach ihm, nahe
der Imbrasosmündung, jenen Mittelpunkt des Kultes, der nach seinen
allgemeinen Gedanken notwendig war [1]). Sein Mitarbeiter Richard
Eilmann schildert diese Vegetation in ihrer Farbenpracht: Lygos-
büsche stecken ihre *blauen und weissen und blassroten* Kerzen in der
Strandebene im Sommer weit und breit, in unabsehbarer Fülle auf [2]).
Ein heiliger Bezirk, ein zweites *temenos* für Hera neben dem Bau-
gelände des Heraion, wurde aus dieser Vegetation ausgeschnitten:
nur soviel und nichts, was einem „Kultmal" ähnlich wäre, darf mit
Gewissheit angenommen werden.

Der *Mythos* — ein Geburtsmythos der Hera, der sonst unbekannt ist
und nicht in einer Göttergenealogie überliefert wird, — verdient hier
ernstere Beachtung als seine Verknüpfung mit einem *bestimmtenBaum*,
der auch künstlich angepflanzt werden konnte, vielleicht einige
hundert Jahre alt wurde, doch schwerlich ein tausendjähriger Baum
war! Der Mythos bildete die Voraussetzung der Anpflanzung oder
der Ersetzung eines früheren Baumes: er war hier das Dauernde,
der gleichsam über der Vegetation schwebte und in ihr angesiedelt
wurde. Ganz auf die Aussage des Namens „Hera" — das wäre doch
ein minimaler Mythos gewesen — beschränkte sich jener Mythos
kaum, der mit dem Herakult um 1000 v. Chr. nach Samos übertragen
wurde. Das Motiv der Geburt einer Gottheit unter einem Baum ist
uns nicht nur in Verbindung mit Hera bekannt: nach einem böotischen
Mythos wurde Hermes unter einem wilden Erdbeerbaum — *kumariá*
(*andrachnos* bei Pausanias) [3]) — geboren, einem Strauch, der leichter
zu einem Baum heraufwächst, als der Lygos. Ob mit einem Baum
verbunden, oder ohne Baum, ist als sicherer Inhalt des samischen
Mythos anzunehmen, dass Hera am Fluss Imbrasos in einem Gebüsch,
das da üppig wuchs und blühte, geboren wurde [4]). Das Heraion von
Argos *besass* den Mythos, dem dieser — *mutatis mutandis* — entsprach.

Das gemeinsame Grundmotiv ist die Geburt an einem Fluss und
die Verbindung mit einer blühenden Pflanze, die ebenda wächst.
Diese Verbindung an sich wird durch den Kultnamen *Hera Antheia*
bezeugt, den die Göttin in der Stadt Argos und auch anderswo trug [5]).
Antheia bedeutet die „Blühende", ja, rein sprachlich betrachtet, als

---

[1]) Buschor, „Imbrasos", *Ath. Mitt.* LXVIII (1953), S. 1.
[2]) Eilmann, a.O., S. 123.
[3]) IX 22.2.
[4]) Vgl. Ulrich von Wilamowitz-Moellendorff, „Hephaistos", *Kleine Schriften*
V 2 (1937), S. 24, 4.
[5]) Paus. II 22.1; inschriftlich in Milet 3, Nr. 31 (a) 5 aus dem 6. Jh.

Femininform zu *anthos*, „Blume", darf *Hera Antheia* sogar mit „Hera, die Blume" übersetzt werden. Der Fluss war am Heraion von Argos der Asterion, mit einem durchsichtigen griechischen Namen, an die Stelle der Hera sind in einer verschleiernden Erzählung [1]) als Töchter des Flussgottes die drei Aspekte der grossen Göttin getreten: ursprünglich hiess es sicher, dass Hera da geboren wurde, in der Vegetation, die da wuchs und die den Kranz aus „Sternblumen" hergab, mit dem man das Kultbild schmückte. Auf Samos behielt der Fluss seinen vorgriechischen Namen Imbrasos, auf Grund seiner engsten Verbindung mit der Göttin hiess er aber auch Parthenios, den man für seinen früheren Namen ausgab [2]). Die Insel selbst hiess poetisch Parthenia, „die Insel der Jungfrau", gleichfalls mit dem falschen Anspruch, der ursprüngliche Name von Samos zu sein [3]). Ein anderer Name der Insel soll *Anthemus* oder *Anthemusa*, „die Blumenreiche" gewesen sein [4]): Anwendungen des griechischen Mythos auf Samos, das selbst einen vorgriechischen Namen hatte und ihn behielt. Der griechische Heramythos hatte sich der Vegetation am Imbrasos bemächtigt, zumal da der Lygos in *drei Farben* blühte.

Im Fluss- und Blumennamen *Asterion* lag eine feine Andeutung: wahrscheinlich eine Hellenisierung dessen, was auch in Argos vorgriechisch war. Mit der Vegetation am Imbrasos war eine höchst archaische Erfahrung verbunden: eine vermeintliche oder wahre, jedenfalls eine, die wiederholt und klar ausgesprochen wurde. Zu wenig wusste man vom Lygos, schon zur Zeit des Menodotos, wenigstens in den literarischen Kreisen [5]). Nikainetos, ein samischer Dichter des 3. Jh.s v. Chr. möchte den Lygoskranz der alten Karer, der historischen Urbewohner von Samos tragen und so sich betrinken und Zeus' berühmte Gattin (*nymphe*) die Herrin der Insel besingen [6]). Anders noch Anakreon [7]), der Zeitgenosse des Polykrates. Er sang von einem Mann, namens Megistes, der *nachher* — es müssen grosse Ausschweifungen gewesen sein! — zehn Monate lang den Lygoskranz trug und nur Süssmost trank. Er wusste zur Zeit, als der grösste Tempel erbaut wurde, noch mehr vom Lygos.

---

[1]) Oben S. 97.
[2]) Callimachus *fr.* 599. Richtig das *schol. in Apoll. Rhod. Argon.* I 185/8 b.
[3]) Aristoteles *fr.* 570 Rose; Callim. *Hymn.* IV 49.
[4]) Aristoteles a.O.
[5]) Daher schrieb man soviel darüber, anschliessend an die gleich anzuführenden Verse des Anakreon, vgl. Ernst Diehl, „Nikainetos", *P.-W.* XVII 245.
[6]) Angeführ bei Athen. XV 673 bc.
[7]) *Fr.* 21 Diehl, Athen. XV 671 f.

Lygos bedeutete: in die Sphäre der Nüchternheit zurückgezogen sein. Der Lygos hemme den Geschlechtstrieb, so erfahren wir es aus der antiken Fachliteratur [1]). Andererseits fördert er die Katamenia der Frauen [2]). Der bei Dioskorides überlieferte Name *amiktomiainos* vereinigt beide Wirkungen: die Enthaltsamkeit (*amiktos*) und die Katamenia (*miainos*). Die Frauen streuten Lygoszweige während ihrer Enthaltsamkeitstage am Thesmophorienfest auf ihr Lager, oder sie verwendeten die Zweige selbst zu Lagerstätten [3]). Von ihrem Aufenthaltsort wurden die Männer mit der Androhung grausamer Strafen ferngehalten [4]).

Die Thesmophorien waren nichts anderes, als die zum jährlichen Fest erhobene Periode der griechischen Frauen, mit diesem Namen in der Sphäre der *Demeter Thesmophoros* untergebracht. Dies bedeutete keine ausschliessliche Zuweisung an Demeter. Ausschliesslichkeit der Sphäre einer grossen Göttin einer anderen gegenüber besteht nicht. Im Lygosgebüsch am Imbrasos befand sich eine Hecke, an die das tragbare Kultbild der Hera angelehnt wurde [5]). So wurde eine konkrete Sphäre der Nüchternheit und Enthaltsamkeit, die mit dem Lygos verbunden waren, abgesondert. Als Beispiel sei der entsprechende Brauch eines archaischen Volkes, der Wemale von West-Ceram in Indonesien angeführt [6]). Die Lygoshecke findet da in der Gestalt von besonderen Hütten eine Parallele. Eine ältere Freundin richtet für das heranreifende Mädchen vor ihrer ersten Periode eine solche provisorische Hütte ein und zieht sich mit ihr, meist in der Begleitung einer zweiten älteren Frau dorthin zurück. Die Frauen verbleiben mindestens drei Tage in dieser Hütte. Sie achten vor allem darauf, das kein Mann das Mädchen sieht.

Eine Frau in dieser Situation darf, weder bei der ersten Gelegenheit, noch später, als sie sich monatlich in das allgemeine Menstruationshaus des Dorfes zurückgezogen hat, mit einem Mann sprechen und kein Mann mit ihr. Nachlässigkeiten auf diesem Gebiet gelten als Verstösse, die schwere Folgen für den Übertreter und die Übertreterin

---

[1]) Vgl. E. Fehrle, „Die kultische Keuschheit im Altertum", *Rel. gesch. Versuche und Vorarbeiten* VI 2 (Giessen 1910), S. 139 ff.

[2]) Plin. *Nat. hist.* XXIV 59; Dioskorides I 134.

[3]) Aelianus, *De nat. an.* IX 26.

[4]) Vgl. „Suidas" *s.v. Thesmophoros* und *Sphaktriai*. Das Zusehen der Männer war ausdrücklich verboten: Aristoph., *Thesmophor.* 1150 f.

[5]) Oben S. 123.

[6]) Nach Ad. E. Jensen, „Die drei Ströme", *Ergebnisse der Frobenius-Expedition* 1937-38 II (Leipzig 1948), S. 138 ff., 146 f.

haben. Die ganze Familie der beiden Betroffenen muss einer Sühne-
zeremonie unterworfen werden, wobei als Opfertiere ein Hahn oder
ein Ferkel oder gar ein Schwein dargebracht werden. Die erste,
provisorische Menstruationshütte bleibt nach der Rückkehr der
Frauen ins Dorf — sie lag also draussen, im Gebüsch — unberührt
stehen. Sie verfällt oder wird verbrannt. Es haftet ihr offenbar Unrein-
heit an. Wir erfahren aber, dass die Entstehung der Menstruation bei
den Wemale in der Mythologie verankert ist In einer Erzählung wird
ausdrücklich gesagt, dass die Mondfrau sich aus demselben Grunde,
wie die übrigen Frauen, zurückziehe. Deshalb sei sie drei Tage lang
nicht zu sehen, und darum müssen die Wemalefrauen in jener Situation
unsichtbar bleiben. Sie sollen ihre Periode meistens bei Vollmond oder
bei Neumond haben [1]).

Es ist eine nicht auszuschliessende Möglichkeit, dass das Lygosgebüsch für die Frauen der Karer etwas ähnliches in sich barg, ehe die
Griechen um 1000 mit ihrem Herakult nach Samos kamen. Mehr
als das soll hier nicht behauptet werden. Das Wenige, was wir vom
samischen Mythos und Ritus wissen, passt zu dieser hypothetischen
Auffassung. Der Sinn der Absonderung der Frauen, für die Zeit ihrer
Katamenia, war nicht die Förderung der Fruchtbarkeit. Um eine
einzelne Frau, die zufällig unfruchtbar war, ging es in der Religion
eines ganzen Volkes oder Stammes nie. Solange die Frauen ihre
Periode hatten, waren sie erfahrungsgemäss im Besitz der Fruchtbarkeit. Im Sinne der Demeterreligion vermochten sie für die Fruchtbarkeit der Erde gerade in diesen Tagen etwas zu tun, weil sie ihrer
eigenen Fruchtbarkeit sicher waren [2]). Sie taten es aber nicht im
Sinne der Herareligion. Die Absonderung der Frauen ist da ganz und
gar in bezug auf ihre Männer zu verstehen. In der archetypischen Gestalt der Hera ist diese Beziehung und nicht die Fruchtbarkeit wesent-
lich. Wie der Mond und die Göttin kann auch diese Beziehung ihre
Phasen haben.

Zum samischen Heramythos gehört, ausser der Geburt am Imbrasos — eher wie ein Aufblühen als im Schutz eines Baumes fand
die Geburt statt — etwas Paradoxes. Hera war, auf Samos etwas ab-
weichend von ihren sonstigen Erscheinungsformen, die *Imbrasia*,

---

[1]) Jensen, a.O., S. 140.
[2]) Ein Ritus der Thesmophorien wird in der späteren Antike als „Frucht-
barkeitsritus" interpretiert: *Schol. in Luciani Dial. meretr. II 1 Rabe.* Er diente
offensichtlich der Fruchtbarkeit der Erde: die Anwendung auf die menschliche
Fruchtbarkeit ist auch da sekundär.

„die Imbrasische" [1]) und die *Parthenia* [2]): nicht nur in einer Phase *Parthenos*, wie anderswo [3]), sondern sie kehrte von ihren Aspekten diesen besonders hervor, mit dem sie einer jungfräulichen Göttin, einer *Artemis* am nächsten kam. Paradoxerweise räumte aber der samische Mythos zugleich Zeus, als dem Mann der Parthenia, einen besonderen Platz neben ihr ein: die beiden waren nach den Samiern dreihundert Jahre lang ein Liebespaar [4]). Dieser Mythos würde die zwei sicheren Elemente des Ritus, von denen wir wissen: das Verschwinden der Göttin und ihre Zurückführung zur Hochzeit, ausschliessen, wenn er nicht gerade ihre Voraussetzung bildete. Es war ein halb geheimgehaltener *hierós lógos*, wie der Inhalt der Hymne von der frühen Liebschaft des Götterpaares, die wahrscheinlich im Heraion von Argos gesungen wurde [5]): die Geschichte war allbekannt und wurde im hochzeitlichen Brauch einiger Inseln auch nachgeahmt [6]).

Der Schauplatz dieser Liebesgeschichte — des *eratizein* des Zeus mit Hera — ist gleichfalls zum Imbrasos verlegt worden. In einem der verschütteten antiken Imbrasosläufe fand man einen Steinblock mit einer Inschrift, die drei heilige Personen begrüsste [7]):

Ἴμβρασος ἱερός
Παρ[θ]ενίη ἱερὴ Παρθένιος ἱερός.

Heilig gepriesen wird der Flussgott, die Göttin Parthenia-Hera, die da geboren wurde [8]), und eine männliche Gottheit, die nicht der Imbrasos sein kann [9]), der schon begrüsst wurde, sondern nur derjenige, der hier durch die Parthenia als ihr Gefährte angenommen wurde: Zeus als Parthenios — noch nichts mehr, als der Spielgenosse der kleinen Parthenos.

Der Ritus, den wir aus Menodotos erschliessen, spielte sich auf

---

[1]) Apoll. Rhod. *Argon.* I 187/8.
[2]) Sie ist die Samische, vgl. *Schol. in Pind. Ol.* VI 149 b.
[3]) Oben S. 104.
[4]) Oben S. 104.
[5]) Oben S. 82.
[6]) Bezeugt für Naxos, *Schol. T in Hom. Il.* XIV 296, wahrscheinlich für Samos, da Kallimachos auf Heras Liebschaft mit Zeus anspielt. Man hielt es offenbar für glückbringend, wenn die Braut eine Nacht vor der eigentlichen Hochzeitsnacht mit einem glücklichen Knaben — solcher war ein *pais amphithales*, dessen beide Eltern lebten — verbrachte, wie es die Götterkönigin mit dem Götterkönig tat. Die Anspielung auf die nur halb geheimgehaltene Geschichte bei Call. *fr.* 75 4/5.
[7]) Buschor, „Imbrasos", S. 4.
[8]) Buschor glaubte, unbegreiflicherweise, die *Parthenie* sei hier als eine „Ortsnymphe" aufzufassen.
[9]) Wie Buschor ebenda glaubte.

einem etwas erweiterten Schauplatz ab: zwischen dem Altar
und dem Meer, dem Imbrasos entlang [1]). Seit dem 8. Jh. besass die
Göttin, als ein besonderes Geschenk ihrer Verehrer auf ihrem Altarplatz ein grösseres Bauwerk, das die kleinen offenen Schreine, in denen
ihr Kultbild bis anhin stand um ein Vielfaches übertraf. Wie bei den
Hekatomben, war an diesem Bau die Hundertzahl verwendet. Hundert
Fuss lang war dieser Kern eines „ionischen Tempels", ein „Zwischen-
raum zwischen zwei parallelen Wänden, aber verstellt durch die
Stützen in der Mittelachse, schmal, eng, ungegliedert, überlang, nur
durch die Tür erhellt" [2]). Ein Kultbild konnte darin untergebracht
werden, obwohl dieser Raum nicht daraufhin ausgerichtet war. Es
konnte an der Rückwand aufgestellt werden, auch unsymmetrisch,
was beweist, dass für diesen Tempel nicht das Kultbild die Haupt-
sache war. Es war ja in der frühen Zeit nur ein Brett (*sanis*) [3]), dem
rituellen Geschehen unterordnet, dem es diente. Man kam durch den
Tempel, durch einen langen Gang zu ihm, bekleidete es und holte es,
um es draussen aufzustellen, zur Ausführung der Riten, deren Requisit
es war.

Es war weit entfernt davon, ein „Gnadenbild", oder auch nur ein
„Bild" zu sein: es musste zuerst bekleidet werden, mit schönen
Gewändern, wie jene waren, deren Inventar wir an einer Marmorstele
besitzen [4]). Bekleidet sah es erst so aus, wie man sich die Göttin vor-
stellte, die man durch die Kleidung erfreuen wollte. Man konnte es
nicht anders tun, als zuerst durch die Verwendung eines kleidertragen-
den Brettes.[5]) An dessen Stelle kamen die bekleideten Puppen und die
ersten Rundplastiken: Statuen, die von Bildhauern geschnitten und
bearbeitet wurden, grundsätzlich aber als bekleidete Bretter aufzufassen sind. Die *daidala* des Herakultes am Kithairon beweisen [6]),
dass diese Beurteilung der Kultbilder des Heraion von Samos die
einzig richtige ist. Man hielt im Riesentempel, der von Polykrates
begonnen wurde, zur Zeit des erwähnten Inventars, im 4. Jh. v. Chr.,
eine einfacher gekleidete Reservestatue, als „Die Göttin hinten"
angeführt [7]), während „die Göttin", reich bekleidet den Besuchern

---

[1]) Eine Vermutung über die Zeit bei Eilmann, a.O., S. 123 und Walter, a.O., S.
22: Ende Juli ist wahrscheinlich.

[2]) Kähler, a.O. oben S. 94, Anm. 5, S. 27.

[3]) Callim. *fr.* 100 Pfeiffer.

[4]) Charles Michel, *Recueil des inscriptions grecques* (Bruxelles 1900), Nr. 832.

[5]) Vgl. oben Anm. 3.

[6]) Vgl. Ohly, „Die Göttin und ihre Basis", S. 39 ff.

[7]) Ohly, „Die Göttin und ihre Basis", S. 33 ff.

im Tempel zugänglicher war. Die grösste Bedeutung für den Kult hatte ein trommelförmiger Steinblock, den man ausserhalb des Tempels fand und der eine 110 cm hohe Statue, oder ein noch höheres unbearbeitetes Brett tragen konnte [1]).

Die Geschichte, die Menodotos erzählt, geht von einer solchen Basis aus: man fand sie leer, die Göttin war fort, die Suche nach ihr begann. Heras Verschwinden war sicher an einen Zeitpunkt gebunden, wo sie selbst unsichtbar wurde: mit dem Brett oder Bild, das *ihre Rolle spielte*, musste das gleiche Geschehen vorgenommen werden. War die Göttin mit ihrem Zeus eng verbunden, so trat die Trennung ein. Der Himmel zeigte zur Neumondzeit ein ähnliches Verschwinden. Suchen und Zurückholen waren notwendig. Sie wären aber mit dem Mythos der ungestörten Liebschaft des jungen Götterpaares — einem Zustand, der für sterbliche Schwester und Brüder verboten war — unvereinbar gewesen, wenn nicht gerade dieser Mythos ihre Voraussetzung gewesen wäre: so, dass Hera sich in einem gewissen Augenblick entschlossen hätte, ein göttliches Beispiel für die Periodizität der Menschenfrauen zu geben. Sie ging ihnen in jene abgesonderte Stelle im Lygosgebüsch voraus, wo die Frauen von Samos die Zeit ihrer Katamenia ursprünglich zu verbringen hatten.

Diese Vermutung — und damit auch die vorgeschlagene Rekonstruktion des ganzen Mythos, der den samischen Riten zugrunde lag — beruht auf dem gut bezeugten Glauben an die Wirkung des *agnus castus* und auf der Analogie eines archaischen Brauches, der bei den Frauen eines Naturvolkes beobachtet werden konnte. Was dadurch noch nicht erklärt ist, sind die Fesseln der Göttin, von denen ihre Priesterin sie befreite. Das Binden und Anbinden einer Göttin war eine dermassen archaische Zeremonie, dass ihr Sinn bei den Griechen in ihrer historischen Zeit schon völlig verloren gegangen war. Sie wurde, ausser an Hera, an Artemis vorgenommen, die in Sparta die Beinamen *Orthia* „die Erregende", und *Lygodesma*, „die mit Lygos Gebundene" trug. Die erklärende Erzählung war, dass man die Göttin in einem Lygosgebüsch fand, wo ihre Statue mit Lygoszweigen angebunden stand [2]). Die zwei Beinamen charakterisierten auch in diesem Fall eine mit dem Mondlicht verbundene Göttin, und zwar gegensätzlich:

---

[1]) Buschor und Hans Schleif, „Heraion von Samos: Der Altarplatz der Frühzeit", *Ath. Mitt.* LVIII (1933), S. 161 mit der Zeichnung S. 158, Abb. 9. Ich danke für den Hinweis auf diese technologischen Erwägungen meinem Schwiegersohn Dr. Hans Peter Isler, Mitarbeiter an den Ausgrabungen im Heraion von Samos, mit dem ich Gespräche, auch an Ort und Stelle, führte.
[2]) Paus. III 16.11.

als die den Geschlechtstrieb Erregende und als die ihn Hemmende.
Im kleinasiatischen Erythraia war das Sitzbild der Artemis angebunden und wir erhalten die Erklärung, dass sie gebunden war, weil man
glaubte, die Götterbilder seien unbeständig und bewegten sich oft
von der einen Stelle an die andere [1]): so sprach man von etwas, was
man nicht verstand.

Wir standen aber plötzlich einer gefesselten Artemisstatue gegenüber, die 1959 im Piräus gefunden wurde. Meinen Eindruck habe ich
aufgezeichnet [2]):

> „Die kleine Gestalt hat verschränkte Arme unter dem Gewand,
> hinter einem Kreuzband, das vom Hals herunter zum Gürtel nach
> hinten geht, das wieder vorne geknotet herunterhängt: all das eine
> kunstreiche Betonung der Verschränkung der verborgenen Hände.
> Ein Aspekt der Göttin—wahrscheinlich von einem Priester im Kult
> getragen und gezeigt: So sollst du bleiben! Die Gesichtszüge süss, fast
> flehend. Zu einer schrecklichen Gottheit, die auf diese unmögliche
> Weise ,gebändigt' werden sollte, keineswegs passend. Jedenfalls eine
> weibliche, kultische Kleidung, wie sie bis jetzt noch nicht bekannt
> war."

Das war das widersprüchliche Ergebnis der plastischen Darstellung
eines höchst archaischen Ritus etwa fünfhundert Jahre später, im
4. Jh. v. Chr.

Hera wurde wohl, wie Artemis, in ihrem gefährlichsten Aspekt gebunden, der in der Neumondzeit im abgesonderten Lygosgebüsch
wirksam wurde und dessen Wirkung gehemmt werden sollte. Es war
der Prosymna- und *Iuno inferna*-Aspekt [3]) in einer ganz archaischen
Form und Behandlung. Vom grossen Herafest, den Heraia von Samos
wird ein besonderer Name überliefert: *Tonea*, richtig wohl *Toneia* [4]),
auch *Tonaia* geschrieben. Dieser ist auf *tónos* „Schnur, Band" zurückzuführen und bezieht sich wahrscheinlich auf diesen auffallendsten
Zug des Ritus: das Zusammenschnüren der Statue der Göttin, worauf
ihre Entschnürung und das Bad folgte. Vier kultische Badeplätze
wurden aus dem 7. Jh. aufgedeckt [5]). Nicht das Meer diente also in
jener schon relativ späten Zeit des Kultes zur Reinigung und zugleich
zum Brautbad, in Hinblick auf die bevorstehende Hochzeit, den
letzten Akt der Zeremonien.

---

[1]) Polemon in *Schol. in Pind. Ol.* VII 95 a.
[2]) „Tage- und Wanderbücher 1953-60", *Werke* III, S. 305; abgebildet *Bull. Corr. Hell.* LXXXIV (1960), S. 653, Abb. 8.
[3]) Oben S. 101-102.
[4]) So richtig nach Wilamowitz a.O. oben S. 124, Anm. 4.
[5]) Buschor „Samos 1952-1957", S. 000.

Nur wenige und recht summarische Andeutungen beziehen sich auf diesen Akt. An erster Stelle steht der Name *Euangelis*, „die Verkünderin der guten Nachricht", auf der Inventarstele offenbar der Amtsname der Priesterin der Hera [1]). Man hörte von ihr die Verkündigung, dass die Göttin wiedergefunden wurde und ihre Hochzeit gefeiert werden kann. Es ist kaum anzunehmen, dass nicht sie die Zeremonie des Bades und die Prozession der Zurückführung leitete. Von der Hochzeit spricht uns zufällig nur eine römische Quelle und beschreibt sie als *nuptiae*: als einen mit dem Ritus des *gamos* ausgeführten Akt, der als jährliches Fest der Göttin begangen wurde [2]). M. Terentius Varro, der als römischer Admiral im Seeräuberkrieg Samothrake zur Feier der Mysterien besuchte [3]), berichtet wahrscheinlich als Augenzeuge von den Heraia auf Samos, wenngleich etwas summarisch:

> „*Insulam Samum prius Partheniam nominatam, quod ibi Iuno adolevit ibique etiam Iovi nupserit. itaque nobilissimum et antiquissimum templum eius est Sami et simulacrum in habitu nubentis figuratum et sacra eius anniversaria nuptiarum ritu colebatur—*

> Die Insel hiess früher Parthenia, da Hera dort aufgewachsen ist und dort auch die Gattin des Zeus wurde. Daher befindet sich ihr berühmtester und ältester Tempel auf Samos und eine Statue in der Tracht einer Braut und ihre jährlichen Feste werden mit Hochzeitsriten gefeiert".

Der christliche Schriftsteller, der die Sätze anführt [4]), hatte ganz krasse Vorstellungen von jenen Hochzeitsriten. Es ist sicher und wird klar ausgesprochen, dass in ihrem Mittelpunkt eine als Braut gekleidete Statue stand. Man führte mit dieser Statue die gleichen Riten aus, durch die eine Braut zur Frau wurde. Ob sie die Kultstatue war oder eine andere Puppe, die zu diesem Zweck diente, ist irrelevant. Keine weiteren Einzelheiten werden überliefert. Wir wissen, dass im Heraion von Argos ein „Bett der Hera" in der Vorhalle des Tempels stand [5]) — offenbar ausser der Zeit der Zeremonie — und hatten das Glück, ein Holzrelief von einem der Hera gestifteten Bett aus dem Heraion von Samos erblicken zu können.

---

[1]) Vgl. die Inschrift bei Michel a.O., Nr. 832, 22.
[2]) Vgl. das folgende Zitat, von dem ich nicht nur den ersten Satz Varro zuweise, wie Funaioli, *Grammaticae Romanae fragmenta* (Leipzig 1907), S. 351, fr. 399.
[3]) Vgl. Kerényi: „Varro über Samothrake und Ambrakia" *Studi in onore di Gino Funaioli* (Rom 1955), S. 157.
[4]) L. Caelius Firmianus Lactantius, *Divinae institutiones* I 17, 8.
[5]) Oben S. 102.

Unter den Resten der Opfergaben fand man noch in den dreissiger Jahren ein kleines Terracottarelief, das das Götterpaar auf Samos darstellte: Hera als eine nackt dastehende Frau, Zeus bärtig. Er streichelt sie mit der einen Hand und fasst sie mit der anderen an der Hand [1]). Der Hintergrund scheint pflanzlich zu sein und die Szene am Imbrasos sich abzuspielen [2]): eher eine mythologische Darstellung als ein Bild vom Ritus. Als die Ausgrabungen am Anfang der fünfziger Jahre in Schichten vordrangen, wo man im feuchten Sand des Imbrasos erhaltene Holzreste fand, tauchte das Relief auf, das offenbar an einer der vier Pfosten einer Holzkline — einem hölzernen Bett des 7. Jh.s — angesetzt war [3]). Es stellte Zeus und Hera stehend dar, doch in einer Haltung und mit Gesten, die zugleich erotisch sind und als rituell erscheinen. Zeus fasst Heras rechte Brust an — die Göttin hatte beide Brüste entblösst — und umarmt sie. Er macht zugleich einen Schritt zu ihr. Zwischen den beiden schwebt das stilisierte, aber sicher erkennbare Bild eines Adlers. Zeus' Ankunft zur Hochzeit wurde wie die eines Adlers erwartet [4]).

Auf dem Boden des samischen Heiligtums wuchsen Altar und Tempel ins Kolossale. Der Spielraum für die Zeremonien der Suche und des Findens, des Bades und der Heimgeleitung, zwischen dem Tempel und dem Meer beschränkte sich auf einige hundert Quadratmeter und er wurde in Verhältnis zu den Riesenbauten mit der Zeit scheinbar noch kleiner. Tempel und Platz für die Zeremonien am Imbrasos — gleichsam nur ein Vorplatz des Tempels — gehörten der Göttin in den beiden Phasen, die im Heraion von Argos *Euboia* und *Prosymna*, in Stymphalos *Pais* und *Chera* hiessen. Ein getrennter Kult der *Teleia* als *Akraia* auf einem weiterliegenden Bergvorsprung oder Gipfel ist vorstellbar, vorstellbar aber auch, dass das einzigartige, grosse Heiligtum allen Aspekten der Göttin diente.

Den Gegenpol zu dieser konzentrierten Anlage bildet die Ausbreitung des Herakultes in Paestum, am Golf von Salerno, von den Tempeln in der Stadt bis zu denjenigen an der Mündung des Silaros (des heutigen Sele) ins Meer, in einer Entfernung von neun Kilometern. Soviel mussten die Prozessionen hinter sich legen, um von

---

[1]) *Arch. Anz.* 1933, S. 255 Abb. 16.
[2]) Eilmann, a.O., S. 123, Abb. 69 und Anm. 1.
[3]) Ohly, „Holz", *Ath. Mitt.* LXVIII (1953), S. 77-83, Beilage 13-15, 18-19. Das wunderbare Stück scheint nicht konserviert worden zu sein.
[4]) Der Kuckuck von Hermione ist der Vogel sicher nicht.

Heiligtum zu Heiligtum zu gelangen, die beide der Göttin gehörten [1]). Die Entfernung ist gross genug, um eine Erklärung zu fordern, warum die zwei Kultorte so fern voneinander angelegt wurden, doch nicht so gross, dass man annehmen dürfte, dass zwei Kulte der Hera — der eine am Meer und Fluss, der andere in der Stadt — hier unabhängig voneinander existierten.

Die Erklärung kann nur jener Grund in der Natur der Göttin sein, dem wir in Argos und auf Samos begegneten: ihre zwei Aspekte, von denen der eine den Kult an einem Fluss forderte, wie auf Samos an der Mündung des Imbrasos (der Ort des Prosymnakultes konnte noch nicht bestimmt werden, lag aber sicher niedriger, wahrscheinlich in einer sumpfigen Gegend, als der Ort des Kultes der Hera-Euboia), der andere eine Stätte, wie es eben Paestum war, auf festem Boden, etwa 20 m über dem Meeresspiegel erhoben. Nachdem uns die Ausgrabungen die Überraschung brachten, dass die zwei grösseren von den drei stehenden Tempeln der Stadt und zudem noch ein Dutzend kleinere Tempel oder Kultbauten daneben der Hera geweiht waren [2]) und Paestum selbst — unbeachtet seines griechischen Namens Poseidonia [3]) zu einer Stadt der Götterkönigin stempelten, muss man auch fragen: wieso begnügt sich Strabo mit der Erwähnung eines „Heiligtums der Hera" am Silaros [4])? Offenbar hing der Kult da unten, im Sumpfgebiet mit dem in der Stadt zusammen, Hera beherrschte die Landschaft von den Monti Alburni bis zum Meer, doch nur den heiligen Bezirk an der Selemündung *sie allein*.

Die Frage, woher der Kult kam, wird durch Plinius den Älteren entschieden [5]): es war die Hera von Argos, deren Verehrung nach Osten hin um 1000 v. Chr. Samos eroberte und nachher auch die Küsten Italiens erreichte. Die Legende, dass sie durch Jason und die Argonauten hierher gebracht wurde, beweist nur, dass man die Religion, die sich solche Kultorte schuf wie das Heraion von Argos

---

[1]) Über den möglichen Weg: P. C. Sestieri, „Ricerche Posidoniati", *Mélanges d'archéol. et d'hist.*, École Franc. de Rome, LXVII (1955), S. 37.

[2]) Sestieri, a.O., S. 40 ff.; Paola Zancani Montuoro, „Paestum", *Enciclop. dell'arte antica* V (1963), S. 833.

[3]) Das Poseidonheiligtum stand wahrscheinlich auf der Akropolis, die im heutigen Agropoli zu suchen ist, vgl. Zancani Montuoro, „Il Poseidonion di Poseidonia", *Archivio storico per la Calabria e la Lucania* XXIII (1954), S. 165-183.

[4]) *Geogr.* VI 1.1 (252). Das Beiwort Ἀργονίας im Strabotext ist falsch, ebenso die „Korrektur" Ἀργώιας, da es eine „Hera der Argo", was das Schiff *Argo* als *Kultort* implizierte, sicher nicht gab. Die richtige Lesung ist Ἀργείας, was mit Plinius übereinstimmen würde, vgl. Anm. 5.

[5]) *Nat. hist.* III 70: *Iunonis Argivae.*

oder Samos, nicht als einen, von einem bestimmten Stamm mit-
gebrachten *eigenen* Kult — einen sogenannten Stammeskult — auf-
fassen darf. Die Argonauten spielten auch für Samos die Rolle der
Kultverbreiter, obwohl der Zusammenhang mit dem Heraion von
Argos auch da feststand. Von den zwei genannten, älteren und berühmten Heraheiligtümern aus werden auch die Heratempel in
Paestum und an der Selemündung erst verständlich. Auf dem Wege
der Herareligion von Griechenland nach der Selemündung lag jenes
Heiligtum der Göttin, von dem heute nur eine Säule steht, auf dem
Vorgebirge Lakinion bei Kroton, einer von Achäern gegründeten
Stadt. Die Verbreitung der Verehrung der Hera fand in den 8.-7. Jh.
gleichzeitig mit der griechischen Kolonisation in westlicher Richtung
statt, während die gleiche Religion auf Samos in ihre erste Blüte schoss.

Das Bild, das Livius vom Heiligtum von Kroton, auf dem heutigen
Capo Colonne entwirft, entspricht dem Zustand zur Zeit der pu-
nischen Kriege, enthält aber den Kern und Ausgangspunkt des
Kultes [1]):

> „Sechstausend Schritte von der berühmten Stadt selbst stand der
> Tempel der Iuno Lacinia, allen umherwohnenden Völkern heilig.
> Dort hatte ein von dichtem Wald und hohen Tannenbäumen um-
> schlossener Hain in seiner Mitte die herrlichsten Weideplätze, wo das
> der Göttin geweihte Vieh aller Art ohne Hirten weidete; und die nach
> ihren Arten gesondert ausgegangenen Herden wanderten ebenso des
> Abends wieder ihren Ställen zu, vom auflauernden Wilde und von
> menschlicher List gleich unbeschädigt. Folglich war der Gewinn von
> diesen Herden bedeutend[2]). Man hatte davon einen Pfeiler von
> reinem Golde verfertigen lassen und geweiht und der Tempel war auch
> seines Reichtums wegen, nicht bloss durch seine Heiligkeit berühmt.
> Wunder wurden dazu auch erfunden, wie es bei ähnlichen berühmten
> Orten üblich ist. Man erzählt, dass im Vorhof des Tempels ein Altar
> steht, dessen Asche nie vom Wind verweht wird.‟

Ein Aschenaltar wird bezeugt, wie wir ihn als Kern und Mittelpunkt
der ältesten Herakulte kennen: in Olympia und auf Samos, doch auch
schon im Heraion von Argos annehmen müssen[3]). Der uralte
Aschenhügel wurde von den Fremdenführern als Wunder erklärt. Die
Wichtigkeit des Altars im heiligen Bezirk an der Selemündung führte
sogar zu seiner Verdoppelung. Ein grosser Altar wurde in einer
kleinen Entfernung vor dem Tempel, der erst am Ende des 6. Jh.s

---

[1]) XXIV 3-7; vgl. Plinius, *Nat. hist.* II 111, 240.
[2]) Gewinn von den Fellen der Tiere und vom Käse.
[3]) Oben S. 120.

erbaut wurde, ausgegraben: nicht völlig in der gleichen Richtung, wie der Tempel [1]), doch für Tieropfer reichlich benutzt, wie die Knochenreste zeigten. Daneben, mit diesem grossen Altar parallel, steht aber auch ein kleinerer Altar [2]), ohne Reste von Opfern: man würde sagen, fast nur ein symbolischer Altar, den man im 5. Jh. errichtete, als man den früheren Aschenaltar, der vielleicht hier stand, abtrug. Der Befund legt diese Vermutung nahe [3]).

Andere Bauwerke — eine Halle und ein kleinerer Tempel mit den erstaunlichen Metopenreliefs — entstanden da von der ersten Hälfte des 6. Jh.s an [4]), kleine figürliche Weihgeschenke an Hera entstammen schon dem 7. Jh., doch nichts, was griechisch wäre aus einer älteren Zeit [5]). Ein Altar des 7. Jh.s, an dem der Herakult seinen Anfang hätte nehmen können, fehlt auffallend [6]). Einen sonderbaren dorischen Tempel erhielt die Göttin, ungefähr gleichzeitig mit den ältesten Bauten an der Selemündung, in Paestum selbst [7]): die sogenannte „Basilika", deren Struktur ganz auf der Neunzahl (3×3) beruht und ebensowenig Rücksicht auf ein Kultbild nimmt, wie der älteste, ionische Tempel auf Samos [8]). Dieser Tempel ist dorisch, mit neun Säulen an der Front, achtzehn auf den Seiten und drei zwischen den Anten. Die Zella wird in der Länge zweigeteilt. Man darf wohl sagen: wie auf Samos, ein Bauwerk für sich als Geschenk an Hera. Ein

---

[1]) Vgl. B. d'Agostino, „Sele", *Encicl. dell'arte antica* VII (1966), S. 167.

[2]) Auf dem Plan, den Paola Zancani Montuoro ihrem Diskussionsbeitrag in *Santuari di Magna Grecia* (Napoli 1965), S. 206, beigegeben hatte, Nr. 12.

[3]) Ich wage die Vermutung zögernd, nachdem die Ausgräberin Zancani Montuoro, der ich die Angaben über diesen zweiten Altar persönlich verdanke, a.O., S. 6 f. auch nur eine Vermutung vorbrachte: „Si potrebbe credere l'ara maggiore riservata ai sacrifici cruenti e l'altra ai riti preliminari, complementari o meno solenni, come libagioni, offerte d'incenso e simili". Man müsste für diese Einrichtung Parallelen finden, während die Parallelen zu einem früheren Aschenaltar nicht fehlen. Die Ausgräber hatten genug mit Asche zu tun, doch es lag nahe, darin nur vulkanische Asche vom Vesuv her zu sehen. *Non liquet!*

[4]) Vgl. P. Zancani Montuoro und Ugo Zanotti-Bianco, *Heraion alla Foce del Sele* (Roma 1951), I, S. 28 ff.

[5]) Mit der Ausnahme eines submykenischen Stückes, das neben einem Stück aus dem späten 7. Jh. gefunden wurde, Zancani-Zanotti, a.O., S. 25.

[6]) Einen kleineren Tempel des 6. Jh.s nahmen die Ausgräber immer an (Zancani-Zanotti I, S. 28 f.), doch musste man zuletzt zur Überzeugung gelangen, dass der grosse Bau mit den Metopen kein Thesauros, sondern ein Tempel war: so auch Zancani Montuoro, *Santuari di Magna Grecia*, S. 205: „Costruito prima della metà del VI. sec., probabilmente per venerare un particolare aspetto della dea multiforme". Dass zu diesem Tempel kein grosser Altar gehört hätte, ist äusserst unwahrscheinlich. Dieser Altar mag der alte Aschenaltar gewesen sein.

[7]) Kähler, a.O. oben S. 94, Anm. 5, S. 21.

[8]) Oben S. 121.

klassischer Tempel, der daneben steht, wurde ihr in der Stadt, wie unten in ihrem Bezirk am Fluss, im 5. Jh. erbaut [1]).

Wie auf Samos, gehörten ihr zwei heilige Bezirke, von denen der untere seinen mit der Unterwelt verbundenen Charakter deutlich zeigt. Ausser dem Altar — schliesslich zwei Altären — fanden sich auf seinem Gebiet *bothroi*, den Opfern an die Götter der Unterwelt bestimmte Gruben [2]). Diesen verdanken wir eine grosse Anzahl von Votivgaben, die auf die Verbindung Heras mit der Erde als Ort der Toten und des Wachstums weisen: auf ihre Eigenschaft als *Iuno infterna*, die nicht nur negativ war, sondern auch mit der Wiederkunft verbunden wurde, wofür die Göttin selbst das Beispiel gab.

Die gesteigerte religiöse Wertung der tiefsten Phase scheint für den Westen charakteristisch gewesen zu sein. Die ältesten Statuetten vom Ende des 7. Jh.s zeigen die Facetten dieser Phase: flach, wie ein Brett, wird die Göttin dargestellt, doch sie hält ein Kind in der Linken, einen Granatapfel in der Rechten [3]). Die Zahl der gefundenen Granatäpfel aus Terrakotta ist gross [4]), die der Blumen noch grösser [5]). Charakteristisch für diesen Kult sind kleine Terracottabüsten der Göttin, die sich bis zu den freien Brüsten aus Blättern erhebt und eine grosse, lilienartige Blüte auf dem Kopf trägt, als wäre sie selbst eine Blume. Diese Komposition diente für Rauchopfer, für die ein kleines Feuer in der Blüte entfacht wurde [6]): die Epiphanie der Göttin als Blume war zugleich ein Aufflammen, eine Lichterscheinung. Als Herrscherin der Unterwelt zeigen Votivstatuetten die thronende Hera, zwei Sphinxe auf den Schultern [7]). Mütterliche Bilder hielten dazu das Gleichgewicht: Darstellungen als stillende Frau, sicher die Angleichung an eine altitalische Göttin, später auch Gleichsetzung mit Kybele, der grossen Mutter der Götter [8]). Die Funktion der grossen

---

[1]) Unten S. 139.

[2]) Zancani Montuoro und Zanotti-Bianco „Heraion alla Foce del Sele", *Notizie degli scavi* (Roma 1937), S. 299 ff.

[3]) Zancani-Zanotti, *Not. scavi*, S. 219 ff,. Abb. 5-6.

[4]) Ein Beispiel, unter anderen Früchten (Äpfel, Feigen, Mandeln) und Vögeln, volkstümlichen Gaben bei Zancani-Zanotti, *Not. scavi*, S. 224, Abb. 9.

[5]) Ebenda S. 225, Abb. 9.

[6]) M. W. Stoop, *Floreal Figurines in South Italy* (Assen 1960), vgl. Leonard von Matt-Umberto Zanotti-Bianco, *Grossgriechenland* (Zürich 1961), Abb. 43-44.

[7]) Vgl. mein „Abenteuer mit Monumenten (Wandlungen in Paestum)", *Werke* III, S. 406; ich muss von diesen Gegenständen nach eigener Anschauung sprechen, da noch zu wenig veröffentlicht wurde.

[8]) Vgl. P. C. Sestieri, „Iconographie et culte d'Héra a Paestum", *La revue des arts* V (1955), 149 ff.

vorgriechischen Frauengöttin, der Eileithyia, deren Machtbereich sich auf die Hilfe bei der Geburt reduziert hatte, wurde von Hera in Argos übernommen, sie übte sie als *Iuno Lucina* auch in Italien aus. Sie tat es in Paestum, dargestellt in knieender Stellung [1]), als wäre sie selbst die Gebärerin. Sogar diese Stellung nahm hier Hera in ihrer Eigenschaft als universale Frauengöttin ein: die zwei männlichen Figuren, die sie unterstützen, gehören der Mutter der Götter [2]), die Taube, die sie hält, der Liebesgöttin Aphrodite an.

Wie stark aber die Verbindung der Göttin an der Selemündung mit der Unterwelt zur Blütezeit dieses Kultortes im 6. Jh. war, zeigte ein einzigartiger Fund aus dem 1959 wiederum untersuchten Boden. In keiner Reihe von Metopenbildern, die einst griechische Kultgebäude schmückten, wurde, soweit unsere Kenntnisse reichen, eine Darstellung aus der Unterwelt angebracht — nur hier! Unter den Szenen aus der Heroenmythologie und des Heramythos schmückte den Tempel des 6. Jh.s, den die Ausgräber zuerst für einen Thesauros, ein Schatzhaus hielten [3]), die Bestrafung des Sisyphos im Hades. Der Sünder wälzt seinen Stein bergauf. Ein geflügelter Dämon der Unterwelt, den man bis jetzt auch noch nirgends dargestellt sah, stachelt ihn an, falls er ermüden sollte.

---

[1]) von Matt-Zanotti, a.O., Abb. 46.

[2]) Die grosse Mutter der Götter hat nicht nur zweimal fünf Daktylen, ihren Fingern entsprechend (daher die fünt Daktylen von Olympia, oben 110), sondern statt dessen auch zwei mänliche Helfer, die ihr nicht nur Beistand leisten und ihre Beisitzer (*parhedroi daimones*) bleiben (vgl. Apoll. Rhod. *Arg.* 1125 ff., meine *Mythologie*, S. 85) (dtv. 392, S. 69), sondern sie auch beobachten, während sie gebiert, wie es in einem Orakel des klarischen Apollon steht, CIG. 3538. In diesem Fall heissen sie eher Kabiren oder Korybanten, auf Kreta Kureten, vgl. Erwin Ohlemutz, *Die Kulte und Heiligtümer der Götter in Pergamon* (Würzburg 1940), S. 192 ff. Sie können dem Kind auch feindlich gesinnt sein, vgl. meine *Mythologie*, S. 86 ff. (dvt. 392, S. 70 ff.). Als Geburtshelfer erscheinen sie neben der gebärenden Göttin, die ebenso die Grosse Mutter wie Eileithyia sein kann, an einer bekannten Statue im Museum von Sparta. Als Beobachter durch ein Loch liegen sie auf dem Dach einer Kapelle der grossen Göttin aus dem 11. Jahrh. in Iraklion (das Katzentier neben ihnen ist das Tier der grossen Mutter), als Helfer stehen sie bei auf einem Reliefpithos des frühen 7. Jh.s aus Theben, hinter ihnen zwei Löwen, was die Zuweisung an die grosse Mutter sicher macht. Willkürlich setzte Erika Simon, a.O., S. 57, Abb. 51 und S. 62, Abb. 57, diese zwei Darstellungen mit Hera in Beziehung, ebenso die Tonsiegel S. 63 und das Löwentor von Mykene, vgl. meine „Zeitlose Schieferbauten der Insel Andros", S. 31 und Paul Åström and Börje Blomé „A Reconstruction of the Lion Relief at Mycenae", *Opuscula Atheniensia* V (Lund 1965), S. 159 ff.

[3]) Gefunden und rekonstruiert von P. Zancani-Montuoro, vgl. ihr „Heraion alla Foce di Sele", *Atti e memorie della Società Magna Grecia*, N.S. V (1964), S. 57 ff., meine „Abenteuer mit Monumenten", a.O., S. 406.

Die drei bis zum heutigen Tage stehenden griechischen Tempel der
Stadt — nicht zu reden vom sogenannten „italischen" Tempel, dem
in Ruinen erhaltenen korinthisch-dorischen Bau am Forum [1]) —
zeugen nicht von der Alleinherrschaft der Hera in Paestum, doch von
ihrer Vorherrschaft, die noch eindrucksvoller wird, wenn man die
Bauten am Silaros hinzunimmt. Der chronologischen Reihenfolge
nach war die sogenannte „Basilika" der erste grosse Bau und zugleich
der erste Tempel der Hera in der Stadt)[2]. Nachher, um die Wende
vom sechsten zum fünften Jahrhundert erhielt Athene den zweiten
grossen Tempel der Stadt, den sogenannten „Tempel der Ceres", und
in grösserem Masstab — *oktostylos* gegen *hexastylos* —, doch in der
Ausführung ähnlich, Hera ihren neuen Tempel am Fluss [3]). Der dritte
grosse Heratempel war der klassische Bau, den man lange für den
Tempel des Poseidon, „Tempio di Nettuno", hielt, um die Mitte
des 5. Jh.s erstellt, mit eigenem grossen Altar und Bad der Göttin [4]).
Dieses Geschenk an die Göttin war ein wiederholtes Bekenntnis zu
ihr, das alle anderen an Schönheit überflügelte — eine Bekräftigung
dessen, dass das bewohnte Gebiet, ebenso wie das aus einer Sumpf-
landschaft ausgeschnittene, vor allem ihr gehörte.

Das tat auch der Name Παιστός oder Παῖστον und *Paestum*:
dadurch wurde die Stadt als ein engeres Gebiet im Gegensatz zum
ganzen und grossen, das sich von der Akropolis (heute: Agropoli)
bis zum Silaros erstreckt, zum zweiten *eigenen* Bezirk der Hera ge-
stempelt. Diesen offenbaren Sinn eines phonetisch regelrecht ge-
bildeten griechischen Stadtnamens [5]) — Παιστός aus παιδ-τός —
darf kein Historiker beiseite schieben. Seit dem Anfang des vorigen
Jahrhunderts ist die Inschrift auf einer Silberplatte bekannt [6]), die in
einem paestanischen Grabe gefunden wurde und die Παῖς als Beinamen „der Göttin" für Paestum belegt:

$$τᾶς\ θεῶ\ τ<ᾶ>ς\ παιδὸς\ ἠμί.$$

So gab sich eine Tote, wahrscheinlich eine Priesterin der Hera bei
den Gottheiten der Unterwelt bekannt: „Der Göttin, der Pais gehöre

---

[1]) Vgl. Friedrich Krauss und Reinhard Herbig, „Der korinthisch-dorische
Tempel am Forum von Paestum", *Denkmäler antiker Architektur* VII (Berlin 1939).

[2]) Vgl. oben S. 136.

[3]) Vgl. die Gegenüberstellung bei Fr. Krauss, „Paestum, Basilika. Der Entwurf
des Grundrisses", *Festschrift Carl Weickert* (Berlin 1955), S. 102 f.

[4]) Vgl. Kähler, a.O., oben S. 94, Anm. 5, Abb. 12.

[5]) Ein linguistischer Fund von Franz Altheim, mündlich.

[6]) Vgl. den Briefwechsel zwischen dem neapolitanischen Gelehrten Francesco
Avellini und Welcker, F. G. Welcker, *Kleine Schriften* II, Bonn 1850, S. 237 f.

ich". Aus dem Beinamen Pais wurde schon auf Hera als „die Göttin"
gefolgert [1]), und diese Folgerung *muss* man ziehen, seitdem man
weiss, dass sie tatsächlich, wie keine andere, *die* Göttin im paestanischen Gebiet war. Der Stoff — Silberplatte, anstatt einer goldenen,
des Materials der Totenpässe der Orphiker in Süditalien und auf
Kreta [2]) — kommt auch in der Form einer silbernen Scheibe mit einer
Votivinschrift in Paestum vor [3]). Der Sinn dieser zweiten Inschrift
bezieht sich auf Hera als Schutzgöttin der Krieger: eine Eigenschaft,
die für sie bezeugt, doch weniger charakteristisch ist, als das an das
silberne *Mondlicht* mahnende Metall.

Den Beinamen *Pais* trug Hera in ihrem höheren Bezirk, dem Stadt-
gebiet Paestum, so wie es in Stymphalos wahrscheinlich auch der Fall
war [4]). Aus der *Pais* wurde sie die *Nymphe*, wie sie bei dem samischen
Dichter heisst [5]). Zeus wird als Gatte und Kultgenosse der Hera in
Paestum monumental bezeugt: durch seine sitzende Statue aus
Terracotta, das blühende Werk eines Meisters aus der zweiten Hälfte
des 6. Jh.s, das in einer Grube neben dem klassischen Heratempel gefunden wurde [6]). So empfing er die Verehrung wahrscheinlich in der
„Basilika", dem ältesten grossen Tempel der Hera, der auf kein
einziges Kultbild ausgerichtet war [7]), doch *zwei* aufnehmen konnte:
in jedem seiner „Schiffe" eins. So thront nun Zeus, aus vielen Stücken
rekonstruiert, im Museum von Paestum, ein Denkmal archaischer
Überlegenheit der männlichen höchsten Gottheit[8]).

Gegen Ende des 6. Jh.s wurde ein kleines Gehäuse aus sauber zusammengesetzten Steinquadern ungefähr in der Mitte der Stadt, in
einem kleinen heiligen Bezirk, halb unterirdisch errichtet [9]). Kein
anderes göttliches Wesen, weder Gott noch Heros, kann auf diesen

---

[1]) So in Hermann Collitz's *Sammlung der griechischen Dialektinschriften* II (Göttingen 1885), Nr. 1648; ähnlich Wilamowitz in *Inscr. Gr.* XIV 665.
[2]) Orph. *fr.* 32.
[3]) Vgl. Margherita Guarducci, „Dedica arcaica alla Hera di Posidonia",
Archeologia classica IV (1952), 145 ff.
[4]) Vgl. oben S. 104.
[5]) Vgl. oben S. 125.
[6]) Vgl. Pellegrino Claudio Sestieri „Statua fittile di Posidonia", *Bollettino d'arte*
XL (1955), S. 193 ff.
[7]) Oben S. 136.
[8]) Tafel II bei Sestieri, oben Anm. 6.
[9]) Vgl. Sestieri, „Il sacello-heroon Posidoniate", *Boll. d'arte* XL (1955), S. 53 ff.
und zur Diskussion über die Bestimmung: 'Il sacello ipogeico di Paestum', *Parola
del Passato* XI (1956), 25 ff. Sestieri war der Entdecker des Bauwerks, sein Gedanke
war, dass es für die „hierogamia" des Zeus und der Hera errichtet wurde. „Hierogamia" ist kein antikes Wort, doch die Funde geben Sestieri Recht.

Bau — auch wegen seiner Hausform — Anspruch erheben, nur Hera.
Weder das Gebäude, noch sein Bezirk tragen eine Inschrift, wie ja
griechische Tempel keine solche tragen. An einem Heroon würde
man eher den Namen des Heros lesen. Unter den zerbrochenen
Gefässen, die im Umkreis des Baus seinem Besitzer dargebracht
wurden, fand sich ein *amphoriskos* — eine Miniaturamphora [1] — mit
der Darstellung einer hervorspriessenden, lilienartigen Blume
zwischen zwei Sumpfvögeln: eine sogleich verständliche Andeutung
der *Hera Antheia* des Sumpfgebietes an der Selemündung. Darunter
schrieb man zudem noch:

τᾶς νύνφας ἐμὶ hια]ρόν
Der Nymphe bin ich heilig —

Besitz der Besitzerin des kleinen Heiligtums.

Hera, die Nymphe des Zeus, besass in diesem Haus auch ein Bett.
In der Mitte des reinlich beputzten Innenraumes, in den man heute
nach dem Aufheben einer der grossen Dachziegel hinuntersteigt,
lagen auf zwei quadratischen Steinblöcken fünf eiserne Stangen,
darüber die Reste eines Netzes aus Metall und eines Gewebes, offenbar
einer Decke [2]. Zu menschlichem Gebrauch wäre es ein zu kurzes
Bett, doch war es sicher ein Lager, wie wir es mit der Darstellung nur
halb liegender etruskischen Liebespaare kennen. Daneben standen
neun kostbare grosse Gefässe: Hydrien und Amphoren aus Bronze, mit
einer bemalten Amphora aus Attika. In den Bronzegefässen fand man
Reste des Honigs, die sie enthielten, die attische Amphora stand
sicher mit Wein da: all das im Gegensatz dazu, was der Lygos auf
Samos, in der Region der entflohenen Hera bedeutete — zur Nüchternheit [3]. Die Darstellungen des attischen Gefässes [4] waren gleichfalls
der Nüchternheit entgegengesetzt: die eine zeigt die Fahrt des Herakles auf den Olymp, die andere den Tanz der Mänaden und Satyrn um
Dionysos. Beide Söhne des Zeus hatten den Zorn der Götterkönigin
in allbekannten Sagen erregt. Man wählte dennoch diese kostbare
Vase aus — da hier alles Darbringung an eine befriedete und be-
glückte Hera war, nach ihrer unterweltlichen Phase.

Nachdem das alles einmal aufgestellt war, wurde der Eingang, der
nie eine regelmässige Türe hatte, mit grossen Steinblöcken sorgfältig

---

[1] Abgebildet bei Sestieri, „Il sacello-heroon", S. 55, Abb. 5.
[2] Mario Napoli, *Il Museo di Paestum* (Cava dei Tirreni 1969), S. 69.
[3] Oben S. 126.
[4] Napoli a.O. Taf. XIII und XIV.

zugemauert. Das Haus und das Bett, mit den Quellen der Heiterkeit, der Süsse und des Rausches in den Gefässen, war ein Geschenk an Hera, wie die Hausmodelle im Heiligtum von Argos und in Perachora. Das brunnenartige Becken mit Treppe für das Kultbad auf dem Platz der sakralen Bauten neben dem klassischen Tempel zeugt davon, dass die Zeremonie der Hochzeit des Götterpaares in einem der grossen Tempel, seit der klassischen Zeit im schönsten Tempel der Hera zelebriert wurde [1]).

Die sehr konkret, mit Bett und hölzerner Braut ausgeführten Hochzeitsriten auf Samos und in Paestum, auf dem Kithairon und wahrscheinlich schon im Heraion von Argos, lassen den *geistigen Charakter* des *unsichtbaren* Bräutigams und Gatten Zeus auf eine indirekte Weise, doch deswegen nicht weniger klar zum Vorschein treten. Die Geschichte der griechischen Religion machte es möglich, Hera durch eine verfertigte Stellvertreterin zu ersetzen. Für Zeus gab es in den Riten des Zeus- und Herakultes keinen Ersatz. Es gab für die Griechen, seitdem sie diese Religion hatten, *ihn selbst*, einen geistigen Gott, der geschah: wahrgenommen im Kosmos oder im Leben der Menschen, gespielt in ihren Zeremonien.

---

[1]) Über das Nachleben der Herafeste im Madonnenkult — Kult der Madonna del Melagrano in Capaccio vecchio, der Bergstadt in den Monti Alburni, und der Annunziata in Paestum selbst — vgl. Zancani-Zanotti im grossen Werk *Heraion alla Foce del Sele* I, S. 18 f. und meine Erfahrungen und Gedanken in ,,Das neue Bild von Paestum", *Werke* II, 233 ff. und ,,Abenteuer mit Monumenten (Wandlungen in Paestum)", *Werke* III, 400 ff., Index ,,Paestum".

REGISTER

77-80, 82, 90, 91, 92, 96, 98, 116, 133
——, griechische passim
Mythos, mythisch 1, 4, 5, 11, 20, 23, 27, 28, 29, 31, 32, 33, 35, 36, 46, 48-56, 59-62, 72, 74, 79, 81, 82, 84, 85, 86, 90, 92, 96, 99, 100, 101, 107, 109, 113, 117, 120, 122-125, 127, 128, 130, 138

Nacht 16, 17, 31
Naiaden 75
Naios s. Zeus
Namen, Göttern. 3, 7, 12, 21, 25, 37, 40, 42, 51, 56, 57, 58, 66, 70, 72, 74, 76, 93, 95, 97, 113, 125, 139
s.a. *Zeus*
Napoli, Mario 141[2, 4]
Natur 15, 16, 17, 20, 76, 79, 83, 106, 118
Naturvölker s. Primitive
Navplion 96
Naxos 128[6]
Neleus 64
nephelegereta 17
Nereiden 75
Nereus 41
Nestor 65
—— -Palast s. Pylos
Neuplatoniker 87[6]
Nikainetos 89[6], 125
Nil 37
Nilsson, M. P. 36[1], 39[1], 42 zit., 63[2], 64[6], 68[1], 81[4,5], 87[6], 99[4], 116[2], 117[2]
noos kai metis 55
Norden, Eduard 101[3]
nuptiae 132
Nychia s. Leto
Nymphe, *nymphe* 26, 37, 69, 83, 89, 114, 115, 122, 125, 128[8], 141
Nymphe s. Hera
Nymphe Dios 89
—— ,Tritonische 117
Nympheuomene s. Hera
Νυμφῶν 122[7]
Nysai 26
-nysos 25, 26

oaristes 28
Ocha-Berg, *Oche* 99, 133
oche, ocheia 113
,,Odyssee" s. Homer
Odysseus 55, 115
Öl 21, 22, 70, 112 s.a. Olivenbaum

Offenbarung 9
Ohlemutz, Erwin 138[2]
Ohly, Dieter 122[4], 123[2,3], 129[6,7], 133[3]
Okeanos 37, 39, 79, 80[5], 82, 85, 93
oktostylos 139
Olivenbaum, O.kranz 109, 112
Olympia 10, 89, 94, 106[3], 107-112
s.a. Heraheiligtum
Olympieion 89
Olympische Götter s. Gott, Götter
Olympische Götterfamilie 17, 24, 26, 34, 35-52, 53, 54, 75, 76
—— Spiele s. Wettkampf
Olympos, Berg 10, 27, 33, 34, 36, 43, 84, 141 s.a. olympische Götterfamilie
Onchestos 59
oneiros 15
Onkel 42
Onkios 74
Opfer, O.mahl 22, 23, 27, 31, 32, 33[3], 55, 60-65, 68, 87, 95, 97[3], 103, 107, 108, 112, 122, 123, 127, 133, 136
——, Kinder- 32, 33
——, Menschen- 31, 32
——, Rauch- 137
——, Stier- 60[3], 61, 62, 109
—— tier 30, 31, 62, 68, 103, 112, 114, 116, 117, 119, 120, 127, 136
Orakel, O.stätte 9, 14, 20, 60[1], 116, 138[2]
Orphiker 140
Orth, F. 103 zit.
Orthia s. Artemis
Osogos 73[5]
Otto, W. F. 62[6]
Overbeck, J., 4[1]
Ovid 80[4]
Oxylos 108[4]

Paar 1, 47, 50, 77, 78, 85, 86, 88, 92, 104[6], 105, 107, 128, 130 s.a. Geschwisterp., Liebesp., Zwillingsp.
Paestum 99, 119, 133-142 s.a. Sele
——, Akropolis von 134[3], 139
——, ,,Basilika" von 136, 139, 140
——, Thesauros von 138
Pais s. Hera
pais amphithales 128[6]
παιστός, παῖτον 139
pa-ki-ja-ni-jo-jo me-no po-se-da-o-ne 66, 68
Pallas Athene s. Athene